YAA-HOO!BÜCHER

OSHO

DIE SAAT DER WEISHEIT

100 Briefe

YAA-HOO! BÜCHER

Titel der englischen Originalausgabe:
Seeds of revolutionary thought, by Osho

Printed in Austria

Deutsche Übersetzung: Deva Pratito
und Anand Tushir
Gestaltung: Nirvikar
Satz: YAA-HOO!DESIGN
Herstellung: Manzsche Buchdruckerei
Stein & Co., Wien

ISBN 3-909910-04-1

Ich habe

Samenkörner gesät.

Seht zu,

daß die Saat aufgeht.

Vorwort

Auch ich bin ein Bauer, und ich habe ein paar Saatkörner ausgesät. Die Saat ist aufgegangen und trägt nun Blüten. Mein ganzes Leben ist erfüllt vom Duft dieser Blüten, und durch diesen Duft bin ich jetzt in einer anderen Welt. Dieser Duft hat mir ein neues Leben geschenkt. Ich bin nicht mehr das, was man mit gewöhnlichen Augen sieht. Das Unsichtbare und das Unbekannte haben ihre verschlossenen Türen weit aufgestoßen. Ich sehe eine Welt, die man mit Augen nicht sehen kann, und ich höre eine Musik, die man mit Ohren nicht hören kann. Was ich gefunden und erkannt habe, möchte fließen – so wie die Wasserfälle und die Quellen von den Bergen fließen und dem Ozean zueilen.

Denkt daran: Wenn die Wolken voll Wasser sind, müssen sie regnen. Und wenn die Blumen voll von Duft sind, müssen sie ihren Duft frei in alle Winde verströmen. Und wenn eine Lampe angezündet ist, muß sich ihr Licht verbreiten.

So etwas ist mir geschehen, und der Wind trägt die Saat der Weisheit mit sich fort. Ich habe keine Ahnung, auf welchen Feldern sie landen und wer sie pflegen wird. Ich weiß nur, daß es Samen wie diese waren, durch die ich zur Blüte des Lebens, zur Unsterblichkeit, zum Göttlichen gelangt bin. Und wo sie auch landen werden, wird sich die Erde selbst in die Blumen der Unsterblichkeit verwandeln. Im Tod ist das Unsterbliche verborgen, im Tod ist Leben – genauso wie Blumen zur Erde gehören. Doch dieses

Potential der Erde kann sich ohne Samen nicht verwirklichen. Durch die Samen manifestiert sich das Unmanifeste, und das Latente kann zum Ausdruck kommen.
Was ich habe, was ich bin, möchte ich als Saatkörner der Weisheit, des göttlichen Bewußtseins weitergeben.
Was mir durch Erkenntnis zuteil wurde, gibt die Liebe im Übermaß weiter. In Erkenntnis erfährt man Gott, in Liebe wird man Gott. Erkenntnis ist die spirituelle Disziplin, Liebe ist ihre Erfüllung.

Osho

1

In der Stille der Nacht erklingt Flötenspiel. Das Mondlicht scheint wie gefroren. Diese kalte, einsame Nacht und die Klänge der Flöte aus der Ferne, süß wie ein Traum – all das ist unglaublich schön.
Wieviel Nektar kann ein hohler Bambus verströmen!
Das Leben ist wie eine Flöte, hohl und leer. Und doch trägt es unendlich viele Melodien in sich. Es kommt ganz auf den Spieler an.
Das Leben wird das, was man aus ihm macht; es ist unsere eigene Schöpfung. Das Leben ist nichts als eine Gelegenheit. Es bleibt jedem von uns selbst überlassen, welches Lied er singen möchte. Darin besteht die Würde des Menschen, daß er die Freiheit besitzt, sowohl ein himmlisches Lied als auch ein höllisches Lied zu singen.
Jeder kann göttliche Melodien auf seiner Flöte spielen, wenn er nur ein paar Fingerübungen macht. Ein bißchen Übung, und immens viel läßt sich erreichen. Und ohne etwas zu tun, gelangt man ins Reich unendlicher Seligkeit.
Ich möchte jedem einzelnen Herzen zurufen: »Nimm deine Flöte zur Hand. Die Zeit vergeht so schnell. Laß die Gelegenheit, dein Lied zu singen, nicht ungenutzt verstreichen. Noch ehe der Vorhang fällt, mußt du das Lied deines Lebens gesungen haben.«

2

Ich war zu Besuch in einem Dorf. Dort hörte ich jemanden sagen: »Religion beruht auf Entsagung, und

Entsagung ist eine mühselige und anstrengende Disziplin.«

Diese Worte erinnerten mich an ein Geschehnis aus meiner frühen Kindheit. Ich nahm teil an einem Picknick am Ufer eines Flusses. Es war ein schmaler Fluß zwischen breiten Sandbänken. Am sandigen Ufer lagen viele Kiesel in leuchtenden Farben. Mir war, als wäre ich über einen Schatz gestolpert. Bis zum Abend hatte ich so viele Kieselsteine gesammelt, daß ich sie unmöglich alle mit nach Hause nehmen konnte. Mit Tränen in den Augen mußte ich sie zurücklassen, als wir aufbrachen, und ich wunderte mich, daß meinen Gefährten überhaupt nichts an diesen Kieseln lag.

Damals kamen sie mir wie große Entsagende vor. Wenn ich heute daran zurückdenke, sehe ich, daß von Entsagung keine Rede sein kann, sobald man Steine als Steine erkannt hat.

Übermäßiger Genuß folgt aus Unwissenheit.

Entsagung folgt aus Wissen.

Entsagung ist kein Tun, sie ist nichts, was man tun muß. Sie stellt sich von selbst ein. Entsagung ist eine natürliche Folge von Wissen. Übermäßiger Genuß ist ein automatischer Vorgang; auch das ist kein Tun. Es ist die natürliche Folge von Unwissenheit.

Daß Entsagung eine hartes und mühsames Geschäft sei, ist deshalb ein unsinniger Gedanke. Als erstes ist Entsagen kein Tun – nur ein Tun kann schwierig und anstrengend sein –, sondern ein Ergebnis. Und zweitens: Was man dabei scheinbar aufgibt, ist wertlos, doch was man gewinnt, ist unsäglich kostbar.

Eigentlich gibt es Entsagung als solche gar nicht, weil wir unendlich viel mehr gewinnen, als wir aufgeben. In

Wirklichkeit lassen wir nur unsere Fesseln fallen und gewinnen statt dessen die Freiheit. Wir werfen Muscheln weg und erhalten dafür Diamanten; wir entsagen dem Tod und erlangen Unsterblichkeit. Wir treten lediglich aus der Dunkelheit ans Licht, ans ewige und unendliche Licht. Wo ist da Entsagung? Nichts aufzugeben und alles zu bekommen kann man nicht Entsagung nennen.

3

Ein Mann hat gestern nacht seinen letzten Atemzug getan. Heute stehen Menschen an der Tür und trauern.
In solchen Augenblicken kommt mir eine Kindheitserinnerung in den Sinn. Ich war das erste Mal bei einer Leichenverbrennung dabei. Der Scheiterhaufen brannte, und die Leute standen in kleinen Gruppen beieinander und plauderten. Der Dorfpoet sagte: »Ich habe keine Angst vor dem Tod. Der Tod ist ein Freund.«
Seit damals habe ich diese Behauptung stets aufs neue in verschiedenen Variationen und von verschiedenen Leuten gehört. Ich habe den Leuten, die das sagten, in die Augen geschaut und gesehen, daß diese furchtlosen Worte der Furcht entsprangen.
Nur dadurch, daß man den Tod mit schönen Worten verklärt, ändert sich nichts. In Wirklichkeit jedoch ist dies nicht die Angst vor dem Tod, sondern die Angst vor dem Unbekannten. Was wir nicht kennen, macht uns angst. Wir sollten uns daher mit dem Tod vertraut machen.
Diese Vertrautheit nimmt uns die Angst. Warum? Weil wir durch dieses Vertrautsein erkennen, daß das, was ist, nicht

dem Tod anheimfällt.
Was zerfällt, was stirbt, ist nur die Persönlichkeit, die wir als unser Ich auffassen. Sie zerfällt, weil sie nicht wirklich ist. Sie ist nur ein Gemisch, eine Verbindung aus ein paar Elementen. Sobald sich diese Verbindung auflöst, zerfällt die Persönlichkeit. Das ist der Tod. Solange wir die Persönlichkeit für unser wahres Selbst halten, halten wir am Tod fest.
Verweile nicht bei der Persönlichkeit, gehe immer mehr in die Tiefe, und wenn du beim wahren Selbst ankommst, hast du dein Ziel, das Unsterbliche erreicht. Diese Reise, dieses Eintauchen von der Oberfläche der Persönlichkeit ins Zentrum des Selbst, ist Religion.
In der Stille der Meditation wird man mit dem Tod vertraut. Und genauso wie es keine Dunkelheit mehr gibt, sobald die Sonne aufgeht, gibt es auch keinen Tod mehr, wenn man Samadhi erlangt.
Der Tod ist weder ein Feind noch ein Freund, er existiert ganz einfach nicht. Man braucht ihn weder zu fürchten noch ihm furchtlos entgegenzutreten, man muß ihn nur kennen. Nichts über ihn zu wissen ist Furcht; ihn zu kennen ist Furchtlosigkeit.

4

Eines Tages besuchte ich einen Tempel. Die Leute dort beteten die Gottheit an. Die Gläubigen verneigten sich vor den Götterbildern. Ein älterer Mann, der mich begleitet hatte, meinte: »Heutzutage glauben die Menschen nicht mehr an Religion. Nur noch wenige

besuchen den Tempel.«
Ich sagte: »Wo soll in einem Tempel Religion sein? Wie sich der Mensch doch selbst betrügt! Er betrügt sich, weil er eine Figur zu seinem Gott macht, die er mit eigenen Händen geschaffen hat. Er begnügt sich damit, die Schriften, das Produkt seiner eigenen Gedankenwelt, für die Wahrheit zu halten.«
Was der Mensch mit seinen eigenen Händen und Gedanken geschaffen und geformt hat, ist nicht Religion. Die Statuen, die in den Tempeln stehen, sind nicht Abbilder Gottes, sondern Abbilder des Menschen. Und was in den Schriften steht, ist nur eine Widerspiegelung der eigenen Wünsche und Gedanken des Menschen, nicht die Wahrheit, die er im eigenen Innern gefunden hat. Denn es ist unmöglich, die Wahrheit in Worten auszudrücken.
Es ist unmöglich, ein Abbild von der Wahrheit zu besitzen, denn die Wahrheit ist grenzenlos, unendlich und gestaltlos. Sie hat keine Form, keinen Namen, keine Attribute. In dem Augenblick, da man ihr eine Form gibt, verschwindet sie.
Um zur Wahrheit zu gelangen, muß man alle Abbilder und alle materiellen Konzepte aufgeben; das ganze Spinnengewebe aus selbstfabrizierten Täuschungen muß weggefegt werden. Jene ungestaltete Wahrheit offenbart sich dem Menschen erst, wenn sein Bewußtsein aus dem Gefängnis befreit ist, das sein eigener Verstand errichtet hat.
Um wirklich zur Wahrheit zu gelangen, sollten wir also keine Tempel errichten, sondern sie zerstören, und keine Abbilder formen, sondern sie vernichten. Wir sollten unsere Formbesessenheit aufgeben, damit das Formlose

eintreten kann. Sobald das Manifeste aus unserem Denken verschwindet, erscheint das Unmanifeste. Es war bereits da, hinter dem Greifbaren verborgen. In einem Zimmer, das mit Sachen vollgestopft ist, können wir den leeren Raum nicht mehr sehen. Räumt die Sachen weg, und der leere Raum kommt wieder zum Vorschein. Er war schon immer da.
Genauso verhält es sich mit der Wahrheit. Leere den Verstand, und sie ist da.

5

Heute morgen habe ich ungewollt einen Vortrag gehört. Ein sogenannter Heiliger sprach, und als ich vorbeikam, hörte ich ihn sagen: »Wer fromm sein will, muß gottesfürchtig sein. Nur wer Gott fürchtet, ist wirklich religiös. Es ist diese Furcht, die uns dahin führt, Gott zu lieben. Ohne Gottesfurcht gibt es keine wahre Hingabe. Liebe ist nicht möglich ohne Furcht.«
Die Leute, die wir als fromm bezeichnen, sind gewöhnlich aus Furcht religiös. Und auch die sogenannt moralischen Menschen leben wohl oder übel in Angst.
Kant hat gesagt: »Wenn es keinen Gott gäbe, müßte man ihn erfinden« – vielleicht deshalb, weil Gottesfurcht den Leuten ein gutes Gefühl gibt?
Wenn ich solche Äußerungen höre, muß ich unwillkürlich lachen. Es gibt wohl nichts, was so falsch und so unwahr wäre. Religion hat nichts mit Furcht zu tun. Religion entsteht aus Furchtlosigkeit.
Liebe und Furcht können unmöglich zusammen

existieren. Wie kann Furcht Liebe hervorbringen? Aus Furcht kann nur eine vorgetäuschte Liebe entstehen. Und was kann denn hinter der Fassade einer unechten Liebe schon anderes existieren als Lieblosigkeit? Eine Liebe, die der Furcht entsprungen ist, ist ein Ding der Unmöglichkeit.

Deshalb sind Religiosität und Moral, die auf Furcht basieren, falsch. Sie sind aufgepfropft. Sie ziehen die Seelenkräfte hinab, statt sie zu erheben. Religion und Liebe kann man sich nicht als eine Pflicht auferlegen, sie müssen im Innern entzündet und genährt werden.

Wahrheit ist nicht auf Furcht gegründet. Furcht unterstützt die Wahrheit nicht, sie steht ihr entgegen. Wahrheit gründet in Furchtlosigkeit.

Die wahren Blumen der Religion und der Liebe können nur im Boden der Furchtlosigkeit gedeihen. Was in den Boden der Angst gepflanzt wird, kann nur künstliche Blumen hervorbringen.

Die Erkenntnis Gottes geschieht nur in Furchtlosigkeit. Oder genauer gesagt: Ein furchtloses Bewußtseins zu erreichen heißt Gott zu erkennen. In dem Augenblick, da alle Furcht aus dem Verstand gewichen ist, begegnet ihr der Wahrheit.

6

Die Mittagshitze hat ihren Höhepunkt erreicht. Die Palasablüten glühen wie feurige Kohlen.

Ich wandere auf einem verlassenen Pfad. Dichtes Bambusgehölz säumt den Weg, sein Schatten ist mir sehr

angenehm. Ein Vogel singt sein süßes Lied. Ich folge seiner Einladung und bleibe stehen.
Einer meiner Begleiter fragt: »Wie kann man die Wut besiegen? Wie kann man den Sex besiegen?«
Diese Fragen werden heutzutage sehr oft gestellt. Aber der Fehler liegt bereits in der Frage, und das sagte ich ihm auch.
Es geht nicht darum, zu besiegen, sondern darum, zu verstehen. Wir kennen weder die Wut noch den Sex. Es ist diese Unkenntnis, die uns schwächt. Verstehen bringt uns den Sieg.
Wenn Wut da ist, wenn Sex da ist, sind wir nicht da. Alle Bewußtheit ist weg, deshalb sind wir nicht. Was in diesem Zustand der Unbewußtheit geschieht, läuft vollkommen automatisch ab. Wenn sich der Griff der Unbewußtheit lockert, folgt Reue – aber das ist zwecklos, denn wer jetzt bereut, wird sofort wieder einschlafen, wenn Sex oder Wut von ihm Besitz ergreifen. Wenn er nicht in Schlaf sinkt, wenn sein Bewußtsein, seine Wachheit, seine Aufmerksamkeit die Oberhand behalten, wird er merken, daß weder Wut noch Sex da ist. Der Automatismus ist durchbrochen, es gibt nichts mehr zu erobern. Der Feind ist verschwunden.
Vielleicht verhilft euch eine kleine symbolische Geschichte zu einem besseren Verständnis:

Ein Seil wird im Zwielicht für eine Schlange gehalten. Einige laufen davon, andere wollen sie töten. Beides ist falsch, weil beide das Seil für eine Schlange halten. Einer geht hin und stellt fest, daß gar keine Schlange da ist. Er braucht nichts anderes zu tun, als näherzutreten.

Der Mensch braucht sich nur selbst näherzukommen. Er muß sich mit allem, was in ihm steckt, vertraut machen. Er braucht mit nichts zu kämpfen. Und ich sage euch, er wird kampflos den Sieg erringen. Wachheit und Bewußtheit dem eigenen Denken gegenüber ist der Schlüssel zum Sieg im Leben.

7

Die Nacht ist vorbei, und die Strahlen der Morgensonne breiten sich über die Felder aus. Wir haben soeben einen schmalen Fluß überquert. Ein Schwarm weißer Reiher, vom Geräusch des vorbeifahrenden Zuges aufgeschreckt, fliegt von den weißen Lilien auf, der Sonne entgegen. Dann hält der Zug aus irgendeinem Grund auf offener Strecke an. Es ist schön an diesem einsamen Ort. Meine mir unbekannten Mitreisenden sind ebenfalls wach. Sie sind in der Nacht an einer Zwischenstation zugestiegen. Sie halten mich wohl für einen Sannyasin, denn sie kommen zu mir hin, als wollten sie meine Füße berühren. Aus ihren Augen spricht der dringende Wunsch, mich etwas zu fragen.
Endlich sagt einer von ihnen: »Wenn es dir recht ist, möchte ich eine Frage stellen. Ich bin ein glühender Gottessucher und habe mir die größte Mühe gegeben, ihn zu finden, aber vergebens. Heißt das, daß Gott mir nicht wohlgesinnt ist?«
Ich sagte: »Gestern war ich in einem Garten. Ein paar Freunde begleiteten mich. Einer verspürte Durst, und so ließ er einen Eimer in den Brunnen hinab. Der Brunnen

war sehr tief, und es bedurfte einiger Anstrengung, um den Eimer hochzuziehen. Doch oben angekommen, war der Eimer leer. Alle anderen lachten.
Dieser Eimer kommt mir vor wie der Verstand des Menschen. Er hatte viele Risse und Löcher. Zuerst war er natürlich voll gewesen, aber alles Wasser war durch die Löcher herausgelaufen. Auch unser Denken hat viele Löcher. Ihr könnt der Existenz euren lecken Verstand so beharrlich hinreichen, wie ihr wollt, er wird immer leer zu euch zurückkommen. Doch wenn ihr den Eimer vorher repariert, Freunde, läßt er sich leicht mit Wasser füllen. Der lecke Eimer mag euch vielleicht zu vielen asketischen Übungen verleiten, aber das wird euren Durst nicht stillen.
Denkt daran, daß die Existenz weder euch wohlgesonnen noch abweisend gegen euch ist. Ihr seid selbst dafür verantwortlich, den Eimer intakt zu halten. Der Brunnen ist immer bereit, euch Wasser zu geben. Er wird euch nie zurückweisen.«

8

Eines Tages stand ich an einem Flußufer. Ich sah, wie ein Papierschiffchen im Wasser versank.
Am Tag zuvor hatten Kinder Burgen aus feuchtem Sand gebaut; auch diese waren eingestürzt.
Jeden Tag versinken Schiffchen und stürzen Burgen ein.
Eine Frau kam zu mir. Ihre Träume hatten sich nicht erfüllt. Sie hatte alles Interesse am Leben verloren und trug sich mit dem Gedanken, Selbstmord zu begehen.

Alles erschien ihr sinnlos. Ihre Augen lagen tief in den Augenhöhlen.
Ich sagte: Wessen Träume sind je erfüllt worden? Alle Träume führen letztlich ins Unglück. Selbst wenn die Papierschiffchen davonschwimmen – wie weit können sie kommen? Nicht eure Träume sind falsch: Träume sind von Natur aus unerfüllbar. Wir selbst sind es, die einen Fehler machen. Während wir träumen, schlafen wir. Und im Schlaf läßt sich nichts erreichen. Beim Aufwachen verflüchtigt sich alles, was wir zu erreichen geglaubt hatten. Seht die Wahrheit, statt Träumen nachzuhängen. Seht das, was ist. Das bringt euch Freiheit. Nur dieses Schiffchen ist echt. Nur dieses Schiffchen wird euch zur höchsten Erfüllung eures Lebens bringen.
In den Träumen ist Tod, in der Wahrheit ist Leben. Träume meinen Schlaf, Wahrheit meint Wachsein. Wache auf und erkenne dein Selbst! Solange der Verstand träumt, kann das, was die Träume sieht, selber nicht gesehen werden. Nur dieses Sehende ist die Wahrheit. Nur dieses Sehende ist. Wenn wir das erkennen, können wir über die versunkenen Schiffchen und eingestürzten Burgen lachen.

9

Die Sufis haben ein Lied:

Ein Verliebter klopfte an die Tür seiner Geliebten. Von drinnen fragte eine Stimme: »Wer ist da?« Der Mann vor der Tür sagte: »Ich bin es.« Er bekam zur Antwort: »In diesem Haus ist kein Platz für zwei, für Ich und Du.«

Die Tür blieb verschlossen. Der Verliebte zog sich in einen Wald zurück. Dort tat er Buße, fastete regelmäßig und brachte seine Gebete dar. Nach vielen Jahren kehrte er zurück und klopfte wieder an die verschlossene Tür. Und wieder fragte die Stimme: »Wer ist da?«
Doch diesmal wurde die Tür weit aufgestoßen, denn seine Antwort lautete: »Du bist es.«

Diese Antwort »Du bist es« ist die Essenz aller Religion. Das Ich ist nur eine Wasserblase auf dem endlos fließenden Fluß des Lebens. Das Ich entfremdet das Individuum von der Existenz. Die Blase des Ichs denkt, sie sei verschieden vom Fluß, während sie in Wirklichkeit gar keine eigenständige Existenz hat. Sie hat kein eigenständiges Zentrum, kein eigenständiges Leben. Sie gehört dem Meer an. Das Meer ist ihr Leben. Sie existiert nur im Ozean und nur durch den Ozean. Die Vorstellung, sie sei vom Ozean getrennt, gründet auf Unwissenheit. Schaue in die Blase hinein, und du findest den Ozean. Schaue in das Ich hinein, und du findest Brahman, die höchste Wirklichkeit.
Wo es kein Ich gibt, gibt es auch kein Du. Da gibt es nur Sein. Da gibt es nur Existenz, nur reines Wesen. In diese reine Existenz zu erwachen ist Nirvana.

10

Das einzige Licht kam aus einer irdenen Lampe. Aber auch dieses kleine Licht ist nun ausgeblasen. Ein Windstoß hat die Flamme gelöscht.

Wie sehr können wir uns auf Lampen verlassen? Wie lange können Flammen brennen, selbst wenn es noch so viele sind, da sie doch so einfach auszublasen sind? Wir sind von einem Ozean der Dunkelheit umgeben.
Ein junger Mann sitzt neben mir. Er hat große Angst vor der Dunkelheit. Er sagt, die Angst erschüttere sein ganzes Wesen so sehr, daß er kaum atmen könne.
Ich sage ihm: Dunkelheit umhüllt diese Welt, nichts als Dunkelheit. Und es gibt kein Licht auf der Welt, das die Dunkelheit vertreiben kann. Was es auch an Flammen auf der Welt gibt, erlöscht früher oder später in der Dunkelheit von selbst. Die Flammen kommen und gehen, doch die Dunkelheit bleibt unberührt. Die Dunkelheit der Welt ist ewig, und wer solchen Flammen vertraut, ist nicht sehr intelligent, denn sie sind nicht echt. Letztlich werden sie alle von der Dunkelheit überwältigt.
Aber es gibt noch eine andere Welt, eine Welt, die sich von der sichtbaren Welt unterscheidet. Während diese Welt Dunkelheit ist, ist jene andere Licht. Während in dieser Welt das Licht flüchtig und vergänglich und die Dunkelheit beständig ist, ist in jener anderen Welt die Dunkelheit flüchtig und vergänglich und das Licht beständig.
Das Wunderbare daran ist, daß die Welt der Dunkelheit weit weg von uns und die Welt des Lichts sehr nahe ist. Die Dunkelheit ist außen, das Licht ist innen.
Und denke daran: Wenn du zum inneren Licht erwachst, brauchst du kein anderes Licht, um deine Furcht zu vertreiben. Verlasse dich nicht länger auf sterbliche Lampen, sondern suche das unsterbliche Licht. Das allein bringt dir Furchtlosigkeit, Glückseligkeit und ein Licht ein, welches dir keiner wieder nehmen kann. Nur das, was uns

keiner nehmen kann, gehört uns wirklich. Nur das, was nicht von außen kommt, gehört uns wirklich.
Natürlich ist es draußen vor unseren Augen dunkel. Aber schaue nach innen – was siehst du dort? Wenn es dort dunkel wäre, wie könntest du die Dunkelheit erkennen? Dasjenige, was die Dunkelheit erkennt, kann selbst nicht Dunkelheit sein.
Noch einmal: Wie könnte es Dunkelheit sein, wenn es nach dem Licht strebt? Es ist Licht, deshalb strebt es nach dem Licht. Es ist Licht, deshalb sehnt es sich nach Licht. Es ist Licht, deshalb sucht es das Licht. Nur das Licht kann nach Licht dürsten. Suche den Ort, von wo dieser Durst herkommt; mache diesen Ort zu deinem Ziel, dann findest du dort verborgen, wonach dich dürstet.

11

Ich bin nicht gottesfürchtig. Furcht bringt euch nicht zu Gott. Nur völlige Furchtlosigkeit kann euch dorthin bringen.
Ich bin auch in keiner Weise gläubig.
Glauben ist blind.
Und wie kann Blindheit zur höchsten Wahrheit führen?
Ebensowenig bin ich ein Anhänger irgendeiner Religion, weil man Religion nicht nach Eigenschaften unterteilen kann. Sie ist eins und unteilbar.
Als ich das gestern sagte, fragte mich jemand: »Dann bist du also ein Atheist?«
Ich bin weder ein Atheist noch ein Theist.
Diese Unterscheidungen sind oberflächlich und rein

intellektuell. Sie haben überhaupt nichts mit der Existenz zu tun. Die Existenz ist nicht in *ist* und *ist nicht* zweigeteilt. Diese Unterscheidung ist nur eine Kopfgeburt. Dementsprechend sind der Atheismus wie der Theismus beides Kopfgeburten. Sie reichen nicht ins Spirituelle hinein. Das Spirituelle transzendiert sowohl das Positive als auch das Negative. Das, was ist, liegt jenseits von positiv und negativ.

Mit anderen Worten: Dort sind sie eins, dort gibt es keine Trennungslinie zwischen ihnen. Kein vom Intellekt angenommenes Konzept findet dort Zugang. In Wirklichkeit muß der Theist seinen Theismus aufgeben, und der Atheist muß seinen Atheismus aufgeben, dann können sie vielleicht in die Welt der Wahrheit eintreten. Beides sind fixe Ideen. Eine fixe Idee ist etwas zwanghaft Auferlegtes. Wir brauchen nicht intellektuell zu entscheiden, was Wahrheit ist, sondern müssen uns nur öffnen und sie so sehen, wie sie ist.

Denkt stets daran, daß wir nicht über die Wahrheit entscheiden müssen. Wir müssen sie sehen. Wer alle intellektuellen Entscheidungen, logischen Konzeptionen, fixen Ideen und Annahmen fallenläßt, öffnet sich in diesem Zustand geistiger Unschuld der Wahrheit, so wie sich die Blumen dem Licht öffnen. Und in diesem Sich-Öffnen wird Sehen möglich.

Religiös nenne ich deshalb einen Menschen, der weder ein Theist noch ein Atheist ist. Religiosität ist ein Sprung aus dem Begriff der Vielheit in die Einheit.

Wo es keine Gedanken gibt, nur Abwesenheit von Gedanken, wo es keine Wahl gibt, nur Wahllosigkeit, wo es keine Worte gibt, nur Wortlosigkeit, dort betreten wir Religion.

12

Ich bin in der Nacht spazierengegangen. Die Dorfstraße war holprig und uneben. Ein Freund war bei mir, ein Mönch, der schon viel herumgereist war. Es gab kaum einen Pilgerort, den er nicht besucht hatte. Er war auf der Suche nach dem Göttlichen.

In jener Nacht stellte er mir eine Frage: »Welcher Weg führt zum Göttlichen?«

Er hatte diese Frage schon vielen anderen gestellt. Nach und nach war er auf vielen Wegen bewandert. Doch die Entfernung zwischen ihm und dem Göttlichen blieb dieselbe wie zuvor. Nicht, daß er diese Wege nicht wirklich ausgemessen hätte. Er hatte alles getan, was er konnte, aber es war bei der Wanderschaft geblieben. Er hatte kein Ziel erreicht, aber er war des Reisens noch nicht überdrüssig geworden, und seine Suche nach neuen Wegen ging weiter.

Ich blieb eine Weile still. Dann sagte ich: »Es gibt keinen Weg, der zu dem führt, was ich selbst bin. Wege führen zum anderen und zum Entfernten. Was nahe ist – nicht nur nahe, sondern das eigene Selbst –, kann man nicht mit Hilfe eines Weges erreichen. Da ist kein Raum übrig für einen Weg. Wiedererlangen kann man nur etwas, was verlorenging. Aber kann das Göttliche je verlorengehen? Was man verlieren kann, kann nicht das eigene Selbst sein. Das Selbst kann nur in Vergessenheit geraten.

Deshalb braucht man nirgendwo hinzugehen; man braucht sich nur zu erinnern. Es gibt nichts zu tun, nur zu wissen. Und wissen heißt ankommen. Was wir wissen müssen, ist: »Wer bin ich?« Das zu wissen heißt das Göttliche zu erlangen.

Wenn uns eines Tages alle unsere Bemühungen sinnlos vorkommen, wenn kein Weg irgendwohin zu führen scheint, dann wird uns klarwerden, daß wir mit all unserem Tun nicht zur Wahrheit finden.
Nichttun wird uns das Geheimnis des Ichs enthüllen; alles Tun führt davon weg.
Nichttun bringt uns zur Existenz hin. Wo das Tun aufhört, offenbart sich die Existenz.
Kein Tun wird uns das geben, wonach wir suchen, denn es existiert bereits vor jeder Aktivität. Kein Weg führt dorthin, denn dort ist hier.

13

Es war eine stürmische Nacht auf dem See Genezareth. Ein Boot war kurz vor dem Versinken. Es schien keine Möglichkeit mehr zu geben, das Unglück abzuwenden. Bootsleute und Passagiere waren gleichermaßen hilflos. Gewaltige Sturmböen schüttelten alle bis ins Mark. Die Wellen brachen bereits ins Boot. Die Küste war unerreichbar. Doch mitten in diesem wilden Sturm schlief gelassen und unbesorgt in einer Ecke des Bootes ein Mann. Seine Gefährten weckten ihn auf. In ihren Augen lauerte der Schatten des Todes.
Als der Mann erwachte, fragte er: »Warum habt ihr alle solche Angst?« – als gäbe es überhaupt keinen Grund, sich zu ängstigen. Seine Gefährten waren sprachlos, sie brachten kein Wort heraus. Er fragte nochmals: »Habt ihr keinen Glauben?«
Mit diesen Worten stand er ruhig und entschlossen auf

und ging langsam an die Längsseite des Schiffes. Der tobende Sturm peitschte in einem endgültigen Versuch, das Boot umzukippen. Der Mann wandte sich dem aufgewühlten See zu und sagte: »Friede. Sei ruhig!«
Er sagte: »Sei ruhig!« – als ob der Sturm ein ungezogenes Kind wäre.
Die Passagiere müssen sich gewundert haben. Was war das für eine Verrücktheit? Seit wann befolgen Stürme Anweisungen? Aber noch während sie zusahen, legte sich der Sturm, und der See wurde so ruhig, als ob nichts geschehen sei. Der Mann war gehört worden.
Der Mann war Jesus Christus, der Vorfall ist zweitausend Jahre alt. Aber mir scheint, daß Ereignisse dieser Art jeden Tag geschehen.
Sind wir nicht ständig mitten in einem Sturm, in Rastlosigkeit? Ist nicht der Schatten des bevorstehenden Todes ständig in unseren Augen? Ist nicht der innere See unseres Verstandes ständig aufgewühlt? Scheint nicht unser Lebensschiff andauernd im Begriff zu sinken?
Ist es daher nicht angesagt, daß wir uns fragen: »Warum hast du solche Angst?« und »Hast du denn keinen Glauben?« Sollten wir nicht in uns hineingehen und zu dem turbulenten See in uns sagen: »Friede. Sei ruhig!«?
Ich habe es ausprobiert und herausgefunden, daß die Stürme sich tatsächlich legen. Wir müssen nur anfangen, uns in Frieden zu fühlen, und der Friede kommt. Wir selber machen uns rastlos; wir können uns auch selber friedvoll machen. Frieden zu erlangen ist keine Übungssache, es ist eine Frage des rechten Fühlens.
Friede ist unsere Natur. Selbst inmitten tiefer Rastlosigkeit gibt es ein Zentrum, wo wir mit uns in Frieden sind. Es gibt jemanden in uns, der inmitten all unserer Stürme

ruhig schläft. In diesem friedvollen, stillen, sorgenfreien Punkt ist unsere wirkliche Existenz. Es ist ein Wunder, daß wir trotzdem rastlos werden; dorthin zurückzufinden ist kein Wunder.
Wenn du in Frieden sein willst, kannst du es gleich jetzt sein, gleich hier. Übungen bringen erst in der Zukunft Resultate, rechtes Fühlen bringt sie sogleich. Rechtes Fühlen ist die einzig wirkliche Transformation.

14

Ich habe mich lange gefragt: »Wer bin ich?« Unzählige Tage und Nächte habe ich mit dieser Frage zugebracht? Der Intellekt gab Antworten, die ich von anderen gehört hatte oder die aus meiner Konditionierung herrührten. Sie alle waren geliehen und leblos. Sie brachten mir keine Zufriedenheit. Sie schwangen ein wenig an der Oberfläche mit, dann verschwanden sie wieder. Mein inneres Wesen wurde von ihnen nicht berührt. In den Tiefen war kein Echo zu vernehmen. Es gab viele Antworten auf diese Frage, aber keine war richtig, und sie ließen mich unberührt. Sie reichten nicht an das Niveau der Frage heran.
Da erkannte ich, daß die Frage aus dem Zentrum kam, die Antworten jedoch nur die Peripherie berührten. Die Frage kam von mir, doch die Antworten kamen von außen. Die Frage stammte aus meinem innersten Wesen, doch die Antworten waren von außen geprägt worden. Diese Einsicht wurde zu einer Revolution. Eine neue Dimension tat sich auf.

Die Antworten des Intellekts waren bedeutungslos. Sie waren für das Problem irrelevant. Eine Illusion war zerstört.
Was für eine Erleichterung!
Es war, als sei eine verschlossene Türe aufgeflogen und die Dunkelheit auf einmal mit Licht erfüllt. Der Intellekt hatte die Antworten geliefert – das war der Fehler gewesen. Wegen dieser falschen Antworten konnte die wirkliche Antwort nicht aufkeimen. Eine Wahrheit kämpfte sich an die Oberfläche. In der Tiefe des Bewußtseins suchte sich ein Samenkorn einen Weg, um durch den Boden zu brechen und ans Licht zu gelangen. Der Intellekt stand ihm im Weg.
Als mir das klargeworden war, begannen die Antworten zu verschwinden. Von draußen erworbenes Wissen begann sich in Luft aufzulösen. Die Frage ging immer tiefer. Ich tat gar nichts, ich beobachtete nur weiter.
Etwas Neuartiges war geschehen. Ich war sprachlos. Was blieb mir zu tun? Ich war bestenfalls ein Zeuge. Die Reaktionen der Oberfläche verblaßten, verschwanden, hörten auf zu existieren. Das Zentrum begann stärker mitzuschwingen.
»Wer bin ich?« Meine ganzes Wesen dürstete nach Antwort.
Was für ein gewaltiger Sturm! Er brachte jeden Atemzug zum Ächzen und Beben.
»Wer bin ich?« Die Frage durchbohrte mich wie ein Pfeil bis in mein Innerstes.
Ich erinnere mich, was für ein brennender Durst das war. Mein ganzes Leben war zu Durst geworden. Alles brannte. Und wie eine lohende Flamme die Frage: »Wer bin ich?« Das Erstaunliche dabei war, daß der Verstand vollkommen

still war. Der unablässige Strom der Gedanken hatte aufgehört.
Was war geschehen? An der Peripherie war alles vollkommen still. Da gab es keine Gedanken mehr, keine Konditionierungen aus der Vergangenheit.
Nur ich war da, und auch die Frage war da. Nein, nein – ich selbst war die Frage.
Und dann kam die Explosion. Augenblicklich war alles verwandelt. Die Frage war verschwunden. Aus einer unbekannten Dimension war die Antwort gekommen.
Man gelangt nicht allmählich zur Wahrheit, sondern durch eine plötzliche Explosion. Sie kann nicht erzwungen werden. Sie kommt.
Leere ist die Lösung, nicht Worte.
Ohne Antworten zu werden ist die Antwort.
Gestern fragte jemand – und jeden Tag fragt der eine oder andere: »Was ist die Antwort?«
Ich sagte: »Wenn ich sie euch sage, ist sie wertlos. Ihre Bedeutung liegt darin, daß man sie selbst entdeckt.«

15

Ich bin kein Prediger. Ich möchte keinen Sermon halten oder gute Ratschläge erteilen. Ich habe kein Verlangen, dir meine Gedanken einzuimpfen. Alle Gedanken sind wertlos. Sie decken dich zu wie Staubpartikel. Und dann erscheinst du immer mehr als etwas, was du nicht bist. Und du scheinst Dinge zu wissen, die du nicht weißt. Das ist selbstmörderisch.
Gedanken können die Unwissenheit nicht beseitigen,

sondern nur verbergen. Um Wissen zu erwecken, muß man zuerst die Unwissenheit in ihrer völligen Nacktheit kennenlernen. Verstecke dich deshalb nicht in den Gewändern der Gedanken. Lege alle Hüllen und Gewänder ab, damit du mit deiner Nacktheit und Hohlheit vertraut wirst. Dies wird zu einer Brücke werden, die dich über die Unwissenheit hinausführt. Das starke Unbehagen, das dich angesichts deiner Unwissenheit überfällt, ist der Anfang einer Revolution.

Aus diesem Grund möchte ich dich bloßstellen, nicht verdecken. Sieh doch, hinter wie vielen blinden Glaubenssätzen, Konzepten und Phantasievorstellungen du dich versteckt hast! Und du glaubst dich sicher und geschützt hinter diesen Barrieren. Das ist keine Sicherheit, sondern eine Selbsttäuschung.

Ich möchte deinen Schlaf aufstören. Deine einzige Sicherheit ist die Wahrheit, nicht die Träume. Wenn du den Mut aufbringst, deine Träume loszulassen, wirst du zur Wahrheit gelangen. Was für ein Tauschhandel! Um zur Wahrheit zu gelangen, brauchst du bloß deine Träume loszulassen, sonst nichts.

Du mußt das Unbewußte durchbrechen – seine Gedanken, Träume und Phantasien. Du mußt von dem, was gesehen wird, zu dem erwachen, der sieht.

Nur der Beobachter ist die Wahrheit. Wenn du ihn erlangt hast, hast du das Leben erlangt.

Ich sagte das zu jemandem. Als er es hörte, versank er in Nachsinnen. Ich sagte ihm: »Du hast dich in Gedanken verloren. Aber genau das ist der Schlaf, aus dem du so dringend erwachen mußt.«

16

Ein Ochsenkarren fährt vorbei. Ich beobachte, wie seine Räder sich um die Achsen drehen. Die Räder drehen sich im Kreis um etwas, das selber bewegungslos ist.

Hinter aller Bewegung liegt Bewegungslosigkeit. Hinter dem Tun liegt Nichttun. Im Sein wohnt Nichtsein.

Als ich einmal einen gewaltigen Staubwirbel sah, war es ähnlich. Eine riesige Staubsäule stieg kreisend in den Himmel hoch, aber ihr Zentrum war ruhig und bewegungslos.

Offenbart sich in diesen Symbolen nicht die grundlegende Wahrheit der Existenz?

Wohnt nicht hinter allem Sein das Nichts?

Ist nicht hinter allem Tun das Nichttun?

Das Nichts ist das Zentrum und die Seele des Seins. Das Nichts allein müssen wir realisieren. Nur dort müssen wir sein, denn das ist unser wirkliches Wesen. Wir müssen alle zu dem werden, was wir im Innersten bereits sind. Wir müssen nirgendwo anders hingehen, als wo wir schon sind.

Wie läßt sich das erreichen?

Sieh den, der sieht, und du tauchst ins Nichts.

Wir müssen unsere Aufmerksamkeit vom Gesehenen auf den Sehenden verlegen. Das Gesehene ist Form, Tun und Sein. Der Sehende ist Formlosigkeit, Nichttun, Nichts.

Das Gesehene ist das andere, das Vergängliche, die Welt, Bindung, Unfreiheit, der Kreislauf der Wiedergeburt. Der Sehende ist das Selbst, Brahman, Befreiung, Nirvana.

Sieh – sieh den, der sieht! Das ist die ganze Essenz von Meditation.

Jeden Tag sage ich das. Oder anders ausgedrückt: Bei allem, was ich sage, geht es nur um dieses eine.

17

Es besteht ein Durst nach echtem Wissen. Ein großer Durst. Ich sehe ihn in jedem Menschen. Im Innern brodelt etwas, das zur Ruhe kommen möchte. In wie vielen Richtungen sucht der Mensch nicht danach! Vielleicht währt diese Suche schon unzählige Leben. Auf der Suche nach irgendeinem Heiligen Gral wandert der menschliche Verstand immer weiter. Aber auf Schritt und Tritt erfährt er nichts als Frustration. Kein Weg scheint dorthin zu führen. Etwas bewegt sich zwar, aber kein Ziel kommt je in Sicht.

Führen Wege etwa nirgendwo hin?

Diese Frage braucht nicht beantwortet werden. Das Leben selbst gibt die Antwort. Liegt nicht, nachdem man zahllose Wege in die verschiedensten Richtungen gegangen ist, die Antwort auf der Hand? Ist die Antwort etwa immer noch nicht gehört worden?

Bei einer intellektuellen Erwiderung löst sich die wirkliche Antwort im Rauch auf. Wenn der Intellekt schweigt, dann spricht die Erfahrung. Wenn die Gedanken still bleiben, erscheint wache Intelligenz.

In Wirklichkeit gibt es keine Antworten auf die Grundfragen des Lebens. Probleme werden nicht gelöst, sie lösen sich von selbst. Es geht einzig darum, zu fragen und leer zu werden. Der Intellekt kann nur fragen, er kann keine Antworten liefern. Die Antwort kommt allein aus der Leere.

Die Antwort kommt aus der Leere – wenn man diese Wahrheit kennt, nimmt das Leben eine neue Dimension an. Dieser Geisteszustand wird Samadhi, Erleuchtung genannt.

Frage und sei still, vollkommen still. Und laß die Antwort von selber kommen, erlaube ihr, zu ihrer eigenen Zeit zu reifen. In diesem Ruhezustand des Verstandes erkennt man das, was ist; das, was ich bin.
Der Durst nach echtem Wissen wird nicht gestillt, ohne daß man das Selbst kennt. Um beim Selbst anzukommen, muß man alle Wege aufgeben. Wenn der Verstand nicht mehr unterwegs ist, ist er bei sich selbst. Und das Selbst zu kennen ist wahres Wissen. Alles andere ist nur Information, nur indirektes Wissen. Wissenschaft ist kein wahres Wissen. Wissenschaft kennt die Wahrheit nicht, sie kennt nur ihre Anwendungsweisen. Die Wahrheit kann man nur direkt erkennen. Genauso kann man auch das Selbst nur auf direktem Weg erkennen.
In dem Augenblick, wo der Verstand ruhig und still wird, weil er die Sinnlosigkeit des Suchens erkannt hat, öffnen sich die Tore der Unendlichkeit.
Das wahllose Bewußtsein kommt im Göttlichen zur Ruhe. Und nur im Göttlichen kann der Durst nach echtem Wissen für immer gestillt werden.

18

Es ist nach Mitternacht. Ich bin gerade von einer Versammlung zurückgekommen. Jemand sagte dort: »Rufet den Namen des Herrn! Denkt stets daran und wiederholt seinen Namen. Wenn ihr ihn unablässig ruft, wird er euch sicher hören.«
Ich erinnerte mich, wie Kabir gesagt hat: »Ist Gott etwa taub geworden?« Vielleicht sind Kabirs Worte diesem

Mann nicht zu Ohren gekommen.
Dann hörte ich ihn sagen: »Zehn Leute schlafen. Jemand ruft: ›Devadutt!‹, und nur Devadutt wacht auf. Dasselbe gilt auch für Gott. Rufet seinen Namen, und er wird euch gewiß erhören.«
Als ich das hörte, hätte ich beinahe gelacht. Erstens ist es nicht Gott, der schläft, sondern wir sind es. Er ist ewig wachsam. Wir müssen aufwachen, nicht er. Was für eine Ironie, daß die Schläfer den Wachen aufwecken sollen! Wir müssen ihn nicht rufen – wir müssen auf seinen Ruf horchen. Das kann nur in der Stille geschehen, nur wenn der Verstand vollkommen ungestört ist. Wenn es keinen Lärm mehr im Verstand gibt, nimmt man Gottes Resonanz wahr. Vollkommene Stille ist das einzige Gebet. Beten ist keine Handlung, ganz im Gegenteil. Wenn der Verstand nicht in Aktion ist, ist er im Gebet.
Gebet ist keine Aktivität, sondern eine Seinsweise.
Zweitens hat Gott weder einen Namen noch eine Form. Also hat es keinen Sinn, ihn zu rufen oder an ihn zu denken. Alle Namen und alle Formen sind imaginär. Sie sind alle falsch. Wir gelangen zur Wahrheit, wenn wir Namen und Formen aufgeben, nicht wenn wir auf sie bauen.
Wer es wagt, alles aufzugeben, erfüllt die Voraussetzung, um das Göttliche zu erlangen.

19

Ich habe eine Geschichte gehört:

Ein Fakir ging betteln. Er war alt geworden, und sein Augenlicht war schwach. Er stand vor einer Moschee und bat um ein Almosen.
Ein Passant sagte: »Du solltest besser weitergehen. Hier wohnt niemand, der dir etwas geben kann.«
Der Fakir fragte: »Wer wohnt denn hier, der keinem etwas gibt?«
Der Passant erwiderte: »Du Narr, weißt du nicht, daß das eine Moschee ist? Der Herr dieses Hauses ist Gott selbst, unser großer Vater.«
Der Fakir hob den Kopf und blickte auf die Moschee. Sein Herz füllte sich mit brennendem Durst. Eine Stimme in seinem Innern sprach: »Wie könnte ich von dieser Türe fortgehen? Dies ist die allerletzte Tür. Wo soll es hinter dieser noch eine weitere geben?« Ein unabänderlicher Entschluß reifte in ihm, und sein Herz erklärte wie ein unverrückbarer Fels: »Ich werde nicht mit leeren Händen von hier weggehen. Wer von hier mit leeren Händen weggegangen ist, hat nichts erreicht, was immer er auch später dazugewonnen hat.« Er setzte sich neben die Stufen der Moschee und streckte seine leeren Hände zum Himmel. Er war durstig – und Durst ist Gebet.
Die Tage kamen und gingen. Monate verstrichen. Der Sommer verging, die Regenzeit verging. Der Winter war beinahe vorüber. Fast ein Jahr war vergangen. Das Ende des alten Mannes war nahe. Doch in den letzten Augenblicken seines Lebens sahen die Leute ihn tanzen. Seine Augen hatten einen überweltlichen Glanz. Sein alter, abgezehrter Körper strahlte vor Licht. Bevor er starb, sagte er noch: »Wer bittet, kommt ans Ziel. Man muß nur den Mut aufbringen und sich ganz hingeben.«

Den Mut, sich hinzugeben.
Den Mut, sich aufzulösen.
Den Mut, zu Leere zu werden.
Wer bereit ist zu verschwinden, erlangt die Erfüllung. Wer bereit ist zu sterben, gewinnt das Leben.

20

Es war früh am Morgen. Gautama Buddha wollte gerade zu sprechen beginnen, als ein Vogel an der Tür zu singen anfing. Im Frieden und in der Stille des Morgens schwieg Buddha. Die Morgensonne wob weiter das Muster ihrer Strahlen, und der Vogel sang weiter sein Lied. Buddha war still; alle waren still. In dieser Stille, in dieser Leere war das Lied göttlich geworden. Als es verstummte, wurde die Leere noch viel tiefer.
Dann erhob Buddha sich. An diesem Tag sprach er kein Wort. An diesem Tag wurde die Stille selbst zum Vortrag. Was er in dieser Stille vermittelte, ließ sich nicht durch Worte vermitteln.
Alles in diesem Leben, in diesem Universum ist absolut göttlich. Alles trägt das Gepräge und den Widerschein des Göttlichen. Das allein ist in allem verborgen, das allein manifestiert sich in allem, in jeder Form, in jedem Klang. Aber weil wir nicht still bleiben, können wir nicht hören. Und weil unsere Augen geschlossen sind, können wir nicht sehen. Unser Verstand ist viel zu sehr anwesend, und deshalb ist das Göttliche abwesend.
Wenn wir leer sind, ist es hier, ist es jetzt.
Es gibt die Wahrheit, aber das Selbst ist unbewußt –

genauso wie es das Licht gibt, obwohl unsere Augen geschlossen sein mögen. Statt das Selbst zu erwecken, suchen wir nach der Wahrheit; statt die Augen zu öffnen, suchen wir nach dem Licht.
Verfalle niemals in diesen Fehler. Gib alles Suchen auf und sei still. Laß deinen Verstand zur Ruhe kommen und höre zu. Halte deine Augen offen und sieh. Sollte ein Fisch im Meer mich je um Rat fragen, wo er den Ozean finden könne, was würde ich ihm da wohl antworten? Ich würde sagen: »Höre auf zu suchen. Schau doch, du bist schon im Ozean!«
Jeder Mensch ist schon im Ozean. Es geht nicht darum, den Ozean zu finden; es geht darum, ihn zu trinken.

21

In der Nähe gibt es einen Tempel. Jeden Tag beginnen die Leute kurz nach Einbruch der Dunkelheit Hymnen und Gebete zu singen und herzuleiern. Ein starker Geruch von Weihrauch erfüllt das Allerheiligste. Der Gottesdienst und die Opfergaben beginnen. Es werden Instrumente gespielt, Glocken geläutet, Trommeln und Gongs geschlagen. Der Priester beginnt zu tanzen, und nach und nach fallen auch die Gläubigen ein.
Einmal ging ich zum Tempel, um zuzuschauen. Was ich da sah, war keine Andacht, sondern eine Art Stumpfsinn: ein Sich-selbst-Vergessen im Namen des Gebets. Wenn du dich selbst vergißt, vergißt du deine Sorgen. Diese Art von Religion dient dem gleichen Zweck wie Drogen und Rauschmittel.

Wer möchte nicht den Schmerz in seinem Leben vergessen? Aus diesem Grund hat man Rauschmittel erfunden. Und aus demselben Grund hat man berauschende Rituale erfunden.
Der Mensch hat viele Sorten von Wein gebraut. Aber der gefährlichste Wein ist nicht der in Flaschen.
Kummer wird nicht bewältigt, indem man ihn vergißt; solche Methoden zerstören seine Wurzeln nicht, sie machen sie eher noch stärker.
Kummer muß bewältigt, nicht vergessen werden.
Vergessen ist nicht Religion, sondern Selbsttäuschung.
Genauso wie Selbstvergessenheit der Weg ist, um Sorgen zu vergessen, ist Selbsterinnerung der Weg, um Sorgen zu bewältigen.
Wahre Religion weckt das Selbst völlig auf. Alle anderen Formen von Religion sind falsch. Selbsterinnerung ist der richtige Weg, Selbstvergessen führt davon weg. Vergeßt nicht, daß das Ich nicht bezwungen wird, indem man das Selbst vergißt; es fließt untergründig weiter. Das Ich verschwindet nur durch Selbsterinnerung.
Wer das Ich vollständig kennt, kann es zum Verschwinden bringen und so das Ganze erlangen. Der Weg zum Ganzen liegt nicht im Vergessen des Ichs, sondern in seinem Verschwinden.
Es ist ein Irrtum zu meinen, man könne das Ich vergessen, indem man sich an Gott erinnert. Der Weg besteht darin, das Ich auszulöschen, indem man sich seiner bewußt wird. Und was übrig bleibt, wenn das Ich nicht mehr existiert, ist Gott.
Man gelangt zum Göttlichen, indem man das Ich auslöscht, nicht indem man es vergißt.

22

Den ganzen Abend war es stürmisch und regnerisch. Windböen fegten durch die Bäume. Die Elektrizität war ausgefallen und die Stadt in Dunkelheit gehüllt.
Im Haus wurde eine irdene Lampe angezündet, ihre Flamme züngelte empor. Die Lampe gehört zur Erde, aber die Flamme strebt unaufhörlich in die Höhe, dem Unbekannten entgegen.
Das Bewußtsein des Menschen ist wie diese Flamme. Sein Körper begnügt sich mit der Erde, aber da ist noch etwas anderes in ihm, etwas, das ständig danach strebt, sich darüber zu erheben.
Dieses Bewußtsein, diese tanzende Flamme, ist das Leben des Menschen. Diese unaufhörliche Sehnsucht, sich emporzuschwingen, ist seine Seele.
Der Mensch ist Mensch, weil er diese Flamme in sich trägt. Ohne sie ist er nur Lehm.
Wenn diese Flamme voll entbrennt, kommt es zu einer Revolution.
Wenn diese Flamme zum lodernden Feuer wird, kann selbst der Lehm transzendiert werden.
Der Mensch ist eine Lampe; es ist Lehm in ihm, aber auch Licht. Wenn er sich nur mit dem Lehm befaßt, ist sein Leben vergeudet. Er muß auch dem Licht Beachtung schenken.
Das Gewahrsein des Lichts transformiert alles, denn es ermöglicht dem Menschen, das Göttliche im Irdischen zu sehen.

23

Der Morgen ist vorüber. Die Sonne wird zunehmend heißer. Ich sehne mich nach Schatten.

Ein ältlicher Schullehrer ist zu Besuch. Schon seit Jahren übt er sich in spiritueller Disziplin. Sein Körper ist ausgezehrt und abgemagert, seine Augen sind lustlos und eingefallen. Er hat sich gequält, weil er diese Qual für spirituelle Disziplin gehalten hat.

Dieser Irrtum hat das Leben vieler Menschen, die den Pfad zum Göttlichen betreten möchten, vergiftet. Für sie nimmt das Streben nach dem Göttlichen die Form der Weltverneinung an, und die Errettung der Seele wird zur Zerstörung des Körpers. Diese Negativität zerstört sie. Doch sie können nicht verstehen, daß die Welt zu verneinen nicht dasselbe ist, wie Gott zu erkennen.

In Wirklichkeit ist es so, daß jene, die den Körper kasteien, im Grunde an den Körper glauben, und jene, die die Welt verdammen, von ihr auf subtile Weise besessen sind.

Echte spirituelle Disziplin lehnt den Körper und die Welt nicht ab, sie transzendiert sie. Und das läßt sich weder durch Maßlosigkeit noch durch Unterdrückung erreichen. Der Weg dazu ist verschieden, es ist ein dritter Weg – der Weg des Gleichgewichts. Gleichgewicht meint die Mitte zwischen zwei Extremen; das, was genau in der Mitte liegt, transzendiert die Polarität.

Man nennt es nur der Anschaulichkeit halber den Mittelpunkt, denn es liegt jenseits von beiden Extremen. Das Gleichgewicht zwischen Maßlosigkeit und Unterdrückung gefunden zu haben heißt nämlich nicht: ein bißchen Maßlosigkeit und ein bißchen

Unterdrückung, sondern: keines von beiden. Es ist kein Kompromiß, es ist ein Gleichgewicht. In den Extremen herrscht Ungleichgewicht, in der Mitte ist Gleichgewicht. In den Extremen herrscht Zerstörung, in der Mitte ist Leben.

Wer im Extrem lebt, geht daran zugrunde; sowohl Maßlosigkeit als auch Unterdrückung zerstören das Leben. Ungleichgewicht ist Unwissenheit, Dunkelheit und Tod. Meine spirituelle Disziplin ist Gleichgewicht und Harmonie. Wenn die Saiten der Veena weder zu lose noch zu fest gespannt sind, dann erklingt Musik. Zu lose gespannte Saiten sind ebenso unnütz wie zu fest gespannte. Doch die Saiten können so gestimmt sein, daß sie weder zu lose noch zu fest sind, und das ist der Punkt, wo eine Melodie geboren wird. Dieser Punkt ist der Punkt des Gleichgewichts.

Das Gesetz der Musik und das Gesetz des Gleichgewichts sind identisch. Zur Wahrheit gelangt man durch Gleichgewicht.

Ich erkläre dem Lehrer diese Sache mit dem Gleichgewicht, und er scheint aufmerksam zuzuhören. Seine Augen bestätigen es. Sie sehen aus, als sei er aus einem tiefen Schlaf erwacht. Er wirkt ruhig und friedlich, als hätte sich eine Spannung gelöst, als wäre er zu einer Einsicht gekommen.

Bei seiner Abreise sage ich zu ihm: »Laß alle deine Spannungen los, und dann beobachte. Du hast das Vergnügen sein lassen, nun laß auch die Unterdrückung sein. Laß alles los und beobachte. Sei natürlich und beobachte. Nur wenn wir natürlich sind, können wir gesund werden, können wir zu unserem eigenen Selbst finden.«

Er erwidert: »Was bleibt mir noch loszulassen? Es ist schon alles von mir abgefallen. Ich kehre friedlich und unbelastet zurück, als ob ein Alptraum zu Ende wäre. Ich bin sehr dankbar.« Seine Augen haben einen sehr unschuldigen und ruhigen Ausdruck angenommen, und er lächelt sanft. Und obwohl er alt ist, wirkt er wie ein Kind. Ich wünschte mir, daß jeder Gottessucher diese Dinge verstehen könnte.

24

Wenn du zur Wahrheit finden willst, laß den Verstand los. Wenn der Verstand zu existieren aufhört, offenbart sich die Wahrheit, so wie die Sonne hereinscheinen kann, wenn die Türen aufgehen. Wie eine Mauer hindert der Verstand die Wahrheit am Eintreten. Die Steine der Mauer bestehen aus Gedanken. Gedanken, Gedanken und noch mehr Gedanken ... diese Kette von Gedanken bildet den Verstand. Der Weise Ramana Maharshi hat einmal zu jemand gesagt: »Halte deine Gedanken an, und dann sage mir, wo der Verstand ist.«
Wo keine Gedanken sind, gibt es keinen Verstand. Wenn es keine Mauersteine gibt, wie kann da eine Mauer sein?
Vergangene Nacht besuchte mich ein Eremit. Er fragte: »Was soll ich mit dem Verstand machen?«
Ich sagte: »Mache gar nichts mit ihm. Laß den Verstand in Ruhe und beobachte. Lasse ihn völlig in Ruhe und beobachte weiter. Schaue dem Fluß der Gedanken zu, so wie man dem Fließen des Wassers zuschaut, wenn man am Flußufer sitzt. Identifiziere dich nicht mit ihnen, bleibe

nicht an ihnen hängen. Beobachte nur, sei einfach aufmerksam. Durch dein Beobachten werden sich die Gedanken verlieren, und der Verstand wird verschwinden.«
Und wenn der Verstand verschwindet, erfährt man in dem freien Raum die Seele, die Wahrheit, denn sie allein existiert.

25

In einer dunklen, kalten Nacht machte ein Mönch in einem Tempel Rast. Um die Kälte zu vertreiben, verbrannte er eine hölzerne Statue der Tempelgottheit. Doch der Priester wurde von dem lodernden Feuer wach. Als er die brennende Statue sah, war er wie vom Donner gerührt. Dies war etwas so Unglaubliches, daß er vor lauter Wut kein Wort herausbrachte. Dann bemerkte er, daß der Mönch in dem Aschenhaufen herumstocherte. Der Priester fragte: »Was tust du denn jetzt?« Der Mönch erwiderte: »Ich suche nach den Knochen der Gottheit.« Da wurde dem Priester klar, daß dieser Mönch verrückt sein mußte. Er sagte zu ihm: »Du spinnst. Wie kann eine hölzerne Statue Knochen haben?« Der Mönch antwortete: »Dann sei so gut und bringe mir noch eine Statue. Die Nacht ist lang und sehr kalt.«

Wenn ich an diese Geschichte denke, kommt es mir vor, als sei ich selbst dieser verrückte Eremit.
Wenn wir doch nur frei von Abbildern wären, damit wir das Bildlose erkennen können! Solange wir der Form

verhaftet bleiben, können wir das Formlose nicht erreichen. Wie können wir ins Meer des Formlosen springen, wenn unsere Augen auf die Form fixiert sind? Kann ein Mensch, der etwas außerhalb seiner selbst anbetet, zu sich selbst zurückfinden? Werft das Unwesentliche, das Manifeste ins Feuer, damit nur das Wesentliche, das Unmanifeste bleibt. Laßt die dichten Wolken der Form sich zerstreuen, damit der formlose Himmel sichtbar wird. Laßt die Form schmelzen, damit das Boot das Meer des Formlosen erreichen kann. Wer sein Boot vom Ufer des Endlichen abstößt, wird sicher das Unendliche erreichen und damit eins werden.

26

Was ist Gebet?
Ist es Selbstvergessenheit?
Nein, es ist nicht Selbstvergessenheit. Alles Vergessen und Versinken und Sich-selbst-Verlieren ist nur eine Form von Rausch. Techniken wie diese sind nicht Gebet, sondern eine Flucht. Man kann sich in Worten, in Melodien verlieren; man kann das, was ist, in der hypnotischen Kraft von Musik und Tanz verlieren. Sich selbst zu vergessen und zu verlieren mag sogar angenehm sein, aber es ist kein Gebet, es ist Unbewußtheit.
Gebet dagegen ist hellwache Bewußtheit.
Ist Gebet eine Aktivität? Kann eine Tätigkeit eine Form von Gebet sein?
Nein, Gebet ist keine Tätigkeit, sondern ein Bewußtseinszustand. Gebet ist nicht etwas, was wir tun,

sondern etwas, was wir sind. Sein Wesen ist Nichttun. Wenn alle Aktivität aufhört und nur ein beobachtendes Bewußtsein übrigbleibt, so ist das Gebet. Das Wort Gebet deutet auf eine Aktivität hin, ebenso wie das Wort Meditation auf eine Aktivität hindeutet; doch beide Worte sollten nicht für eine Tätigkeit gebraucht werden, sondern eher für einen Bewußtseinszustand.
Im Nichts, in Stille, in Wortlosigkeit zu sein – das ist Gebet, das ist Meditation.
Gestern erwähnte ich das in einer Versammlung.
Später fragte mich jemand: »Was sollen wir also tun?«
Ich sagte: »Tut eine Weile gar nichts. Gönnt euch völlige Entspannung. Laßt sowohl den Körper als auch den Verstand ruhig werden. Beobachtet still den Verstand. Sich selbst überlassen, wird er still und leer. Und in dieser Leere kommen wir der Wahrheit nahe.«
In dieser Leere manifestiert sich das, was innen wie außen ist. Dann verschwinden innen und außen, und reine Existenz bleibt. Diese reine Existenz in ihrer Ganzheit wird Gott genannt.

27

Der Abend ist zur Nacht geworden. Ein paar Leute sind gekommen. Sie sagen: »Du lehrst das Nichts. Aber der Gedanke an das Nichts erschreckt uns. Gibt es gar nichts, woran wir uns festhalten können?«
Ich erkläre ihnen, daß es für einen Sprung ins Nichts gewiß Mut braucht, doch wer den Sprung wagt, findet in Wirklichkeit nicht das Nichts, sondern erlangt Ganzheit.

Wer sich an etwas festhält, erlangt nichts. Kann euch ein imaginärer Halt wirklich etwas nützen?
Nur durch Leere können wir zur Wahrheit gelangen. Und in der Leere kann es nichts geben, woran man sich klammern kann.
Ich erzähle ihnen eine Geschichte:

In einer finsteren, mondlosen Nacht wanderte ein Reisender durch ein unbekanntes Gebirge und stürzte in einen tiefen Abgrund. Im Fallen bekam er einen Strauch zu fassen und blieb über dem Abgrund hängen. Ringsherum war es stockfinster, und auch der schreckliche Abgrund unter ihm war undurchdringlich dunkel.
Viele Stunden lang klammerte er sich an dem Busch fest und durchlitt währenddessen Todesqualen. Es war eine Winternacht, und seine Hände wurden allmählich kalt und taub. Bald würde er seinen Griff lösen müssen, und dann würde er in den Abgrund stürzen. Keine Anstrengung konnte ihn retten. Er sah sich schon im Rachen des Todes.
Er fiel, aber nichts geschah. Es gab überhaupt keinen Abgrund. Als er losließ, fand er sich im nächsten Moment ein paar Zentimeter tiefer mit den Füßen auf dem Boden wieder.

Das war auch meine Erfahrung. Als ich in die Leere fiel, entdeckte ich, daß die Leere selbst der Boden war. Wenn wir uns nicht mehr vom Verstand tragen lassen, trägt uns das Göttliche.
Der Mut, ins Nichts zu springen, ist der einzig wirkliche Mut des Menschen. Und wer die Kraft nicht aufbringen kann, ins Nichts einzutreten, bleibt unerfüllt.

28

Ich kehrte von einem Morgenspaziergang zurück. An einem Flußufer entdeckte ich eine kleine Quelle. Das Wasser eilte dem Fluß zu und spülte dabei die trockenen Blätter auf seinem Weg beiseite. Ich sah sein ungestümes Streben und sein seliges Verschmelzen mit dem Fluß. Und dann sah ich, daß auch der Fluß sich beeilte.
Da begriff ich, daß alles in Eile war – in Eile, den Ozean zu erreichen, sich im Unendlichen zu verlieren, zu Vollkommenheit und Erfüllung zu gelangen und die trockenen, toten Blätter auf dem Weg beiseite zu fegen.
Der Wassertropfen sehnt sich danach, sich im Ozean aufzulösen. Das ist eine fundamentale Sehnsucht in unserem Leben. All unser Streben entspringt aus dieser Sehnsucht, und ihre Erfüllung bringt wirkliche Freude.
Begrenzt zu sein bedeutet Sorgen zu haben.
Unvollständig zu sein bedeutet Sorgen zu haben. Weil das Leben begrenzt und unerfüllt geblieben ist, endet es im Tod; ansonsten ist es unsterblich. Begrenzt und unerfüllt ist es zerstückelt; ansonsten wird es ein unteilbares Ganzes.
Aber der Mensch bleibt beim kleinen Tropfen des Egos stehen und wird auf diese Weise vom endlosen Strom des Lebens getrennt. Er wendet sich aus freien Stücken vom Sonnenlicht ab und sucht vergeblich seine Erfüllung in der schwachen Flamme einer irdenen Lampe. Doch er findet keine Zufriedenheit, denn wie kann ein Tropfen damit zufrieden sein, bloß ein Tropfen zu bleiben? Es gibt keine andere Antwort für ihn, als zum Ozean zu werden.
Das Ziel des Tropfens ist der Ozean, er muß zum Ozean werden. Der Tropfen muß sich auflösen; das Ego muß

zerstört werden. Nur wenn das Ego zu Brahman wird, ist Erfüllung möglich.
Nur die Erfüllung, zum Ozean geworden zu sein, verankert uns in der Wahrheit. Und nur diese Erfüllung befreit, denn wie kann jemand befreit sein, der nicht erfüllt ist?
Jesus Christus hat gesagt: »Wer versucht, sein Leben zu retten, der verliert es; und wer es verliert, der gewinnt es.« Ich möchte das gleiche sagen. Das allein ist Liebe. Sich selbst zu verlieren ist Liebe. In Liebe den Tod anzunehmen ist der Weg zum göttlichen Leben.
Deshalb sage ich: »Ihr Tropfen, fließt schnell zum Ozean! Der Ozean ist euer einziger Bestimmungsort. Nehmt freudig in der Liebe den Tod an, denn nur das ist Leben. Haltzumachen, ehe der Ozean erreicht ist, heißt umzukommen; doch den Ozean zu erreichen heißt den Tod zu transzendieren.«

29

Der Schüler eines Weisen war gestorben. Der Weise ging zum Haus des Schülers. Dort lag der tote Körper aufgebahrt, und die Leute weinten.
Der Weise kam näher und fragte mit lauter Stimme: »Ist dieser Mann tot oder lebendig?«
Da wunderten sich die Trauernden und waren verwirrt. Warum stellte er diese Frage?
Dort lag der tote Körper – bedurfte es noch weiterer Beweise?
Eine Weile herrschte Schweigen, dann bat jemand den

Weisen: »Könnt Ihr Eure Frage bitte selbst beantworten, Herr?«
Wißt ihr, was der Weise zur Antwort gab? Er sagte: »Was tot war, ist gestorben. Was lebendig war, lebt noch. Nur die Verbindung zwischen den beiden ist durchbrochen.«

Das Leben stirbt nicht, und der Tod lebt nicht.
Wer das Leben nicht kennt, nennt den Tod das Ende des Lebens. Aber weder ist die Geburt der Anfang des Lebens, noch ist der Tod sein Ende. Das Leben existiert zwischen Geburt und Tod und genauso jenseits davon. Es existiert schon vor der Geburt, und es lebt auch noch nach dem Tod. Geburt und Tod existieren innerhalb des Lebens; das Leben selbst jedoch wird nicht geboren und stirbt auch nicht.
Ich kam gerade von einer Leichenverbrennung zurück. Als der Scheiterhaufen brannte, sagten die Leute: »Es ist alles vorbei.«
Ich sagte: »Ihr habt keine Augen, deshalb erscheint euch das so.«

30

Ich kehrte von einer Reise zurück, wo ich viele Sadhus und Sadhvis getroffen hatte. Sadhus gibt es überall, aber es gibt kein Sadhana, keine Meditation in ihrem Leben. Diese Leuten sind so zahlreich und so falsch wie künstliche Blumen.
Ohne Meditation ist Religiosität unmöglich. Was sich heutzutage als Religion ausgibt, verstärkt nur den

Irrglauben. An der Oberfläche sieht es aus wie Religion, aber im Innern ist es nur Irrglaube.
Und das ist nur natürlich. Ihr könnt zwar ohne weiteres Pflanzen ohne Wurzeln in die Erde stecken und daraus eine schöne Partydekoration fabrizieren, aber werden sie jemals Früchte und Blüten tragen?
Die Wurzeln der Religiosität liegen in der Meditation, im Yoga. Ohne Yoga kann das Leben eines Suchers nur Vorspiegelung oder Unterdrückung sein. Beides ist völlig nutzlos.
Gutes Benehmen vorzutäuschen ist Heuchelei. Und Unterdrückung ist ebenso fatal. Beides erfordert Anstrengung und Kampf, führt jedoch zu nichts. Was unterdrückt wird, stirbt nicht, es sinkt lediglich in tiefere Schichten unseres Wesens.
Am einen Ende stehen die Qualen des sinnlichen Vergnügens, die Hitze und das Fieber eines Lebens, das sich in seinen eigenen Flammen verzehrt, und der endlose Wettlauf, einen unstillbaren Durst zu stillen. Am anderen Ende finden wir das verzehrende Feuer der Entsagung und der Selbstpeinigung. Um aus dem Brunnenschacht des einen Extrems zu entkommen, fallen wir in den tiefen Graben des anderen.
Yoga bedeutet weder Maßlosigkeit noch Unterdrückung; es bedeutet, von beidem zu erwachen. Beide Extreme dieser Dualität sind zu vermeiden. Wir können eine Dualität nicht transzendieren, indem wir eine ihrer Seiten wählen. Wer wählt und an einer Seite festhält, verstrickt sich darin und wird zu ihrem Sklaven.
Yoga hält nicht an etwas fest, es läßt alles Festhalten sein. Es läßt nicht das eine los, nur um etwas anderes zu ergreifen.

Bleib aufmerksam, gib alles Festhalten auf. Das Festhalten selbst ist der Fehler. Das ist es, was einen in den Brunnenschacht oder in den Graben fallen läßt. Das ist es, was einen in Extreme, in Dualitäten, in Konflikte führt, während der rechte Weg dort liegt, wo es keine Extreme, keine Dualität und keinen Kampf gibt.

Triff keine Wahl, wende dich vielmehr dem Bewußtsein zu, das die Wahl trifft. Verfalle nicht in Dualität, wende dich vielmehr dem Geisteszustand zu, der die Dualität erkennt. In einer solchen Wendung ist wahre Weisheit, und diese Weisheit ist die Tür zum Licht.

Diese Tür ist nahe. Wer die Flamme seines Bewußtseins von den Stürmen der Dualität befreit, erhält den Schlüssel, der diese Tür zur Wahrheit öffnet.

31

Das Leben mancher Leute ist derart vollgestopft, daß sie mir leid tun. In ihnen gibt es kein Fleckchen Platz, kein Stückchen freien Himmel. Und wie kann jemand frei werden, der keinen Himmel in sich hat? Um frei zu werden, braucht man einen inneren Himmel, keinen äußeren Himmel. Wer Himmel im Innern hat, ist mit dem Himmel draußen eins. Und wenn der innere Himmel eins wird mit dem universellen Himmel, wird dieses Verschmelzen, dieses Vereinigen, diese Transformation Befreiung genannt. Das ist die Erkenntnis des Göttlichen. Deshalb dränge ich nie jemanden, sich mit Gott zu füllen. Ich sage vielmehr, daß ihr euch leeren sollt, dann werdet ihr sehen, daß das Göttliche euch aufgefüllt hat.

Wenn es in der Regenzeit aus allen Wolken schüttet, bleiben die Berge trocken, wogegen die ausgedörrten Täler sich mit den Fluten füllen. Sei wie die Täler, nicht wie die Hügel. Fülle dich nicht selber, mache dich leer. Das Göttliche regnet unablässig auf dich herab. Wer leer ist, um diesen Regen in sich aufzunehmen, wird erfüllt werden.
Der Wert eines Kruges besteht gerade darin, daß er leer ist. Je leerer er ist, desto mehr kann ihn der Ozean füllen. Genauso wird auch der Wert eines Menschen daran gemessen, wie leer er ist. In diese Leere strömt der Ozean hinein und füllt sie.

32

Wenn ich spirituelle Sucher sehe, fällt mir auf, daß sie alle damit beschäftigt sind, ihren Verstand zu disziplinieren. Aber man kann nicht zur Wahrheit gelangen, indem man seinen Verstand diszipliniert.
Der Verstand ist im Gegenteil das Hindernis bei der Erkenntnis der Wahrheit. Den Verstand soll man loslassen, nicht kontrollieren. Laß den Verstand los, und du findest die Tür. Religion wird weder im Verstand noch mit Hilfe des Verstandes erfahren. Sie wird in einem Zustand des Nichtdenkens erfahren.

Ma Tzu war ein Sucher. Er lebte in einer einsamen Hütte in der Einsiedelei seines Meisters und versuchte Tag und Nacht seinen Verstand zu disziplinieren. Selbst wenn jemand zu Besuch kam, ignorierte er ihn.

Eines Tages besuchte ihn der Meister in seiner Hütte. Ma Tzu ignorierte auch ihn. Aber der Meister blieb den ganzen Tag und rieb einen Ziegelstein an einem Felsbrocken. Endlich hielt Ma Tzu es nicht mehr aus und fragte: »Was machst du da, Meister?« Sein Meister antwortete: »Ich muß aus diesem Ziegelstein einen Spiegel fabrizieren.«
Ma Tzu sagte: »Einen Spiegel aus einem Stein? Bist du verrückt geworden? Selbst wenn du diesen Stein dein ganzes Leben lang reibst, wird daraus nie ein Spiegel werden.« Als er das hörte, fing der Meister an zu lachen und fragte Ma Tzu: »Und was machst du? Wenn ein Ziegelstein kein Spiegel werden kann, wie kann dann der Verstand einer werden?«

In der Tat können weder ein Ziegelstein noch der Verstand ein Spiegel werden. Der Verstand ist nämlich der Staub, der den Spiegel bedeckt. Laß ihn sein, lege ihn beiseite; nur dann kannst du zur Wahrheit gelangen. Der Verstand besteht aus einem Haufen Gedanken – Staubteilchen, die man wegwischen muß. Was übrigbleibt, wenn sie weggewischt sind, ist ein ewig makelloses Bewußtsein. In diesem Zustand des Nichtdenkens, frei von Gedanken, sehen wir die ewige Wahrheit, die hinter einem Rauchschleier von Gedanken verborgen war.
Wenn sich der Rauch der Gedanken verzogen hat, bleibt nur die rauchlose Flamme des Bewußtseins übrig. Das ist es, was wir erreichen müssen; das ist es, was wir sein müssen.
Das ist die Erfüllung unseres Suchens.

33

Der Morgen kam und verging, dann der Mittag. Jetzt sinkt die Sonne, und ein wunderschöner Sonnenuntergang breitet sich über dem westlichen Horizont aus.
Jeden Tag sehe ich, wie die Sonne aufgeht, wie sich der Tag entfaltet und wie er vergeht. Und ich sehe auch, daß ich nicht in den Nachmittag oder den Sonnenuntergang aufgehe oder wieder vergehe.
Als ich gestern von der Reise zurückkehrte, begriff ich das. Reisen bringt immer die gleiche Einsicht: Die Wege ändern sich, nicht aber der Reisende. Reisen ist Veränderung, doch der Reisende scheint sich nicht zu verändern.
Wo war ich gestern, und wo bin ich heute? Was war ich damals, und was bin ich jetzt?
Doch was ich gestern war, bin ich auch heute noch. Was ich damals war, bin ich noch immer. Der Körper ist nicht derselbe, der Verstand ist nicht derselbe, aber ich bin derselbe.
In Raum und Zeit gibt es Veränderungen, aber es gibt keine Veränderung im tiefsten Ich.
Alles ist ein fließender Strom, doch dieses Ich gehört nicht dazu. Das Ich geht zwar mit dem Strom, ist aber außerhalb und jenseits von ihm.
Dieser ewige Reisende, immer neu, immer wohlbekannt, ist die Seele.
In dem sich verändernden Universum zu diesem Unveränderlichen zu erwachen ist Befreiung.

34

Ich sehe euch, ich sehe auch das, was jenseits von euch liegt. Das Auge, das beim Körper haltmacht, sieht nicht. Wie durchsichtig ist doch der Körper! Er mag noch so solide wirken, kann jedoch in keiner Weise verbergen, was jenseits von ihm liegt.
Aber wenn man keine Augen hat, die sehen, ist alles ganz anders. Dann existiert sogar die Sonne nicht mehr. Es hängt alles von den Augen ab. Wir können das Licht nicht mit Hilfe von Denken und Logik erkennen.
Es gibt keine Alternative zu dem authentischen Auge. Es ist wesentlich. Wenn wir das Spirituelle sehen wollen, brauchen wir ein inneres Auge, brauchen wir Einsicht. Damit wird alles sichtbar für uns. Sonst sind wir blind für das Licht und das Göttliche.
Wer die Existenz anderer Menschen jenseits vom Körperlichen wahrnehmen möchte, muß zuerst über seine eigene sterbliche Existenz hinausschauen können. Der andere enthüllt sich nur in dem Maß, wie man nach innen schaut. Die gesamte empfindungslose Welt füllt sich nur in dem Maß mit Bewußtsein, wie mein eigenes Bewußtsein entwickelt ist. Die Welt ist nur das, was ich selbst bin. An dem Tag, da ich mein Bewußtsein in seiner Totalität erkenne, ist die Welt nicht mehr die Welt.
Sich selbst nicht zu kennen ist die Welt. Sich selbst zu kennen ist Befreiung.
Jeden Tag sage ich euch: »Seht ihr nicht, wer in euch wohnt? Wer diesen Körper aus Fleisch und Blut bewohnt? Wer in eurer äußeren Erscheinung eingekerkert ist?«
Welche Unermeßlichkeit ist in diesem unbedeutenden Körper gegenwärtig!

Wer ist dieses Bewußtsein? Was ist dieses Bewußtsein? Wenn wir das nicht erforschen, wenn wir das nicht verstehen, hat das Leben keine Bedeutung. Selbst wenn ich sonst alles verstehe, ist dieses Verständnis wertlos, solange ich mich nicht selbst verstehe.
Die Energie, die den anderen begreifen kann, kann auch das Selbst begreifen. Wie könnte es anders sein?
Es geht nur darum, die Richtung zu ändern. Wir müssen von dem, was wir sehen, zu dem gehen, was sieht. Die Verlagerung der Aufmerksamkeit vom Gesehenen auf den Sehenden ist der Schlüssel zur Selbstverwirklichung. Erwache aus dem Strom der Gedanken zu dem, der sie beobachtet, und eine Revolution geschieht. Wie eine plötzlich hervorsprudelnde Quelle mit kristallklarem Wasser spült der Strom des Bewußtseins alles Unbewußte aus unserem Leben.

35

Bis gestern abend war diese Pflanze noch lebendig. Ihre Wurzeln steckten in der Erde, und in ihren Blättern war Leben. Sie war grün und kraftvoll. Wenn sie sich im Wind wiegte, verbreitete sie ringsherum ihr Glück. Ich bin oft an ihr vorbeigegangen und habe ihre Lebensmelodie gespürt. Gestern hat sie jemand gestört, hat ihre Wurzeln herausgerissen, und als ich heute vorbeikam, sah ich, daß die Pflanze abgestorben war. So geht es, wenn die Wurzeln aus dem Boden gerissen werden. Alles hängt von den Wurzeln ab. Sie sind unsichtbar, aber sie enthalten das ganze Geheimnis des Lebens.

Pflanzen haben Wurzeln; auch der Mensch hat Wurzeln. Pflanzen haben einen Boden; auch der Mensch hat einen. Wenn die Wurzeln aus dem Boden gerissen werden, vertrocknet die Pflanze. Ebenso der Mensch.
Ich habe ein Buch von Albert Camus gelesen. Der erste Satz lautete: »Selbstmord ist das einzig bedeutsame Thema der Philosophie.« Warum? Weil die Menschen heute keinen Sinn mehr im Leben finden. Alles ist sinn- und zwecklos geworden.
Der Grund dafür ist, daß unsere Wurzeln erschüttert worden sind. Wir haben unsere Verbindung mit der Lebensquelle verloren, und ohne sie ist das Leben nicht mehr als eine sinnlose Geschichte.
Wir müssen dem Menschen seine Wurzeln wiedergeben. Wir müssen ihm seinen Boden wiedergeben. Diese Wurzeln sind die Seele, dieser Boden ist Religion. Wenn das geschieht, kann die Menschheit zu neuer Blüte gelangen.

36

Ich war bei einer Familie zu Gast und kam erst nach Einbruch der Dämmerung zurück. In ihrem Haus war etwas sehr Schönes geschehen. Es spielten viele Kinder dort. Sie zeigten mir ein Haus aus Spielkarten, das sie gebaut hatten. Es war ein schönes Haus, und ich bewunderte es.
Doch die Gastgeberin meinte: »Was gibt es an einem Kartenhaus schon zu bewundern? Der kleinste Windhauch wird es umwerfen.«

Ich fing an zu lachen, und die Kinder fragten warum. Aber noch während wir miteinander redeten, fiel das Kartenhaus zusammen. Da wurden sie traurig, und die Gastgeberin sagte: »Sehen Sie jetzt!«
Ich erwiderte: »Ja, ich sehe. Ich habe auch andere schöne Häuser gesehen, und sie alle stürzen ein, genau wie dieses hier.«
Selbst Paläste aus Stein sind nichts als Kartenhäuser, Paläste, von alten Männern gebaut, genauso wie die von Kindern gebauten.
Wir alle bauen Paläste – Paläste aus Phantasien und Träumen. Und dann kommt ein sanfter Windhauch und wirft sie um. In dieser Hinsicht sind wir alle Kinder. Reife ist ein seltenes Phänomen; die meisten Menschen sind Kinder bis zum Tod.
Alle Häuser sind Kartenhäuser. Diese Erkenntnis macht den Menschen reif. Zwar baut er noch weiter, aber dann ist es nur noch ein Spiel.
Wenn man weiß, daß es nur ein Spiel ist, in der Welt zu sein, wird man von der Welt frei.
Nur was wir aufgrund dieses Verständnisses erlangen, wird nicht vom ersten Windstoß zerstört werden.

37

Vergangene Nacht hat es geregnet. Die Luft ist feucht. Soeben hat es wieder zu nieseln angefangen. Der feuchte Wind treibt die fallenden Blätter bis vor die Tür. Der Herbst scheint gekommen zu sein und bereitet die Ankunft des Frühlings vor. Alle Wege sind mit trockenen

Blättern bedeckt. Sie rascheln so schön, wenn man darauf geht.
Ich beobachte diese Blätter schon seit langem. Was reif wird, fällt ab. Obwohl von Morgen bis Abend Blätter abfallen, tut es dem Baum nicht weh.
Das veranschaulicht eine wunderbare Lebensregel: Eine unreife Frucht zu pflücken bringt Schmerz mit sich; eine reife Frucht jedoch fällt von selbst ab.
Ein Sannyasin ist gekommen. Entsagung ist noch nicht zu etwas Beseligendem geworden, vielmehr ist es schmerzhaft und schwierig für ihn. Er war nicht wie von selbst Sannyasin geworden, er hatte sich dazu gezwungen. Die Blätter des Verhaftetseins, der Unwissenheit, des Besitzes und des Egos waren noch unreif. Er war mit Gewalt vorgegangen. Die Blätter sind zwar abgefallen, aber es war schmerzhaft. Dieser Schmerz läßt ihn nicht zur Ruhe kommen.
Ich glaube, ich sollte heute abend zu ihm gehen und ihm vom Geheimnis der fallenden Blätter erzählen. Zuerst kommt Verständnis, nicht Entsagung. Wenn Sannyas aus Verständnis entsteht, fällt die Welt wie welke Blätter von einem ab. Sannyas kann man nicht erzwingen, man kann es nur finden.
Nach der Revolution des Verstehens wird Entsagung freudvoll, nicht schmerzhaft.

38

Es besteht ein Unterschied zwischen Wissen und Erkenntnis. Das eine ist eine Anhäufung von

Informationen, ein rein intellektuelles Verstehen; das andere ist ein Wissen aufgrund von Erfahrung, von Erkennen, von lebendiger Erkenntnis. Das eine ist eine Anhäufung von toten Fakten, das andere ist das Erkennen der lebendigen Wahrheit. Der Unterschied zwischen den beiden ist riesig – so groß wie der Unterschied zwischen Erde und Himmel, zwischen Dunkelheit und Licht.
Eigentlich ist intellektuelles Wissen gar kein Wissen, es ist illusorisches Wissen. Kann ein Blinder etwa wissen, was Licht ist? Es ist nur intellektuelles Wissen. Hinter diesem illusorischen Wissen versteckt sich die Unwissenheit wie hinter einer Maske. Im Irrgarten der Worte und im Rauchschleier der Gedanken geht die Unwissenheit vergessen.
Doch Unwissenheit zu vergessen ist tödlicher als die Unwissenheit selbst. Wo die Unwissenheit sichtbar ist, entsteht der Wunsch, darüber hinauszuwachsen. Wo die Unwissenheit unsichtbar ist, wird es unmöglich, sich von ihr zu befreien.
Die sogenannten weisen Leute gehen an ihrer Unwissenheit zugrunde.
Wissen – das wahre Wissen – kommt nicht von außen. Seid euch im klaren, daß das, was von außen kommt, kein Wissen sein kann, sondern nur Information. Paßt auf, daß ihr nicht auf dieses illusorische Wissen hereinfallt, denn alles, was von außen kommt, legt sich als eine zusätzliche Schicht über das Selbst.
Wissen erwacht im Innern. Es kommt nirgendwo her, es erwacht. Und damit das geschieht, müssen wir die Schichten, die über dem Selbst liegen, abtragen und nicht noch neue hinzufügen.
Wissen wird nicht erworben, es wird entdeckt. Erworbenes

Wissen ist Information, entdecktes Wissen ist Erfahrung. Um das Leben dem erworbenen Wissen anzupassen, muß man es zurechtstutzen. Aber so genau kann man das nicht, und so entsteht ein Konflikt zwischen diesem Wissen und dem Leben. Dagegen gestaltet sich unser Verhalten auf natürliche Weise im Einklang mit entdecktem Wissen. Wir können wahrem Wissen nicht zuwiderhandeln. Das ist ein Ding der Unmöglichkeit. Eine Geschichte kommt mir in den Sinn:

Zwei Weise wanderten durch einen dichten, gefährlichen Wald. Es waren Vater und Sohn. Der Sohn ging voraus, der Vater hinterher. Der Weg war einsam und unheimlich. Plötzlich hörten sie Löwengebrüll. Der Vater sagte zum Sohn: »Versteck dich hinter mir. Vor uns lauert Gefahr!« Der Sohn lachte und ging weiter voran. Und wieder warnte ihn der Vater. Plötzlich tauchte der Löwe vor ihnen auf. Jetzt ging es um Leben und Tod. Da sagte der Sohn: »Weil ich ja nicht der Körper bin, sehe ich keine Gefahr. Hast du das denn nicht stets gepredigt?« Der Vater rannte weg und rief: »Nimm dich in acht vor dem Löwen, du verrückter Junge!« Doch der Sohn ging lachend weiter. Der Löwe sprang ihn an. Er stürzte nieder, aber er sah genau, daß das, was zu Boden gestürzt war, nicht er war. Er war nicht der Körper, deshalb konnte er nicht sterben. Jetzt verstand er, was sein Vater immer gesagt hatte. Und das war ein riesiger Unterschied. Der Vater war verzweifelt, Tränen traten ihm in die Augen. Doch der Sohn blieb ein Beobachter, im Leben wie im Tod. Er litt keine Not, keinen Schmerz. Er blieb unbewegt und losgelöst, denn was auch immer mit seinem Körper geschah, geschah außen. Er selbst war davon auf keine Weise betroffen.

Deshalb betone ich so nachdrücklich, daß es einen Unterschied zwischen Wissen und Erkenntnis gibt.

39

Was ist Samadhi?
Jemand hat gesagt: »Das Verschmelzen des Tropfens mit dem Ozean.«
Ein anderer sagte: »Das Versinken des Ozeans in den Tropfen.«
Ich jedoch sage: Es ist das Verschwinden von beidem, Tropfen und Ozean. Wo es weder den Tropfen noch den Ozean gibt, da ist Samadhi. Wo es weder das Endliche noch das Unendliche gibt, da ist Samadhi.
Samadhi ist Einssein mit der Existenz.
Samadhi ist Wahrheit, Samadhi ist Bewußtsein, Samadhi ist Seligkeit.
In Samadhi gibt es kein Ich. Samadhi ist vielmehr das, was bleibt, wenn das Ich zu existieren aufhört.
Und vielleicht ist das, was nicht das Ich ist, das wirkliche Ich.
Das Ich existiert zweifach: als Ego und als Brahman. Ich bin nicht das Ego, aber es erscheint so. Ich bin Brahman, aber es erscheint nicht so. Bewußtsein, reines Bewußtsein ist Brahman.
Ich bin reines, beobachtendes Bewußtsein, aber weil ich mich mit dem Strom meiner Gedanken identifiziere, nehme ich das nicht wahr. Das Denken selbst ist nicht Bewußtsein. Bewußtsein umfaßt das Denken. Bewußtsein ist das Beobachten von Gedanken. Der Gedanke ist das

Objekt, das Bewußtsein ist das Subjekt. Das Subjekt mit dem Objekt zu identifizieren heißt unbewußt zu sein. Das ist das Gegenteil von Samadhi. Das ist Schlaf.
Was bleibt, wenn keine Gedanken da sind, ist Bewußtsein.
In diesem Zustand zu sein ist Samadhi.
In die Gedankenlosigkeit zu erwachen öffnet die Tür zur Existenz. Existenz bedeutet das, was ist. Erwache zur Existenz – das ist der Kern der Botschaft aller Erleuchteten.

40

Ich sehe dem Gärtner zu, wie er Samen sät. Danach düngt er die Erde, wässert sie und wartet darauf, daß die Blumen blühen. Man kann die Blumen nicht zum Blühen zwingen. Sie brauchen Geduld.
Liebe und Geduld.
Genauso sollten auch die Samen des Göttlichen gesät werden. Auch hier müssen wir geduldig warten, bis die Blumen des göttlichen Lebens blühen.
Gebet und Geduld ... Sich dem zu widersetzen, ungeduldig zu werden führt zu gar nichts. Ungeduld fördert das Wachstum nicht.
Wenn man in Ruhe, geduldig und liebevoll wartet, dann sind eines schönen Morgens die Blumen erblüht, und ihr Duft erfüllt den Hof deines Lebens.
Um die Blumen des Unendlichen zu erlangen, ist unendliche Geduld nötig. Aber vergiß nicht: Wenn du zu solcher Geduld fähig bist, kannst du sie augenblicklich pflücken.

Unendliche Geduld ist die einzige Voraussetzung, um das Unendliche zu verwirklichen. Im selben Augenblick, da diese Voraussetzung erfüllt wird, ist Verwirklichung. Sie kommt nicht von außen, sie wächst im Innern. Sie ist bereits da, aber weil wir so ungeduldig und rastlos sind, können wir sie nicht sehen.

41

Der menschliche Verstand ist etwas Wunderbares. Er birgt sowohl das Geheimnis der Welt als auch das der Befreiung in sich. Sünde und Tugend, Gefangenschaft und Befreiung, Hölle und Himmel, sie alle wohnen in ihm. Dunkelheit und Licht gehören zu ihm. Geburt ist in ihm und auch Tod. Er allein ist das Tor zur äußeren Welt, er allein ist die Leiter zum inneren Sein. Mit seinem Verschwinden transzendieren wir beide.
Der Verstand ist alles. Alles ist sein Spiel, seine eigene phantasiereiche Schöpfung. Wenn er verschwindet, hören alle Einbildungen auf.
Gestern sagte ich das irgendwo. Jemand trat hervor und fragte: »Der Verstand ist sehr unstet und launenhaft. Wie kann man ihn fallenlassen? Der Verstand ist verunreinigt. Wie kann man ihn rein machen?«
Da erzählte ich eine Geschichte:

Als Buddha alt geworden war, hielt er eines Nachmittags unter einem Baum im Wald Rast. Er war durstig, und Ananda ging zu einem nahen Bergbach, um Wasser zu holen. Doch kurz zuvor hatten einige Karren den Bach durchquert, und das Wasser war trüb geworden. Auf der Oberfläche trieben faule Blätter und Schaum. Ananda kam ohne Wasser zurück und sagte zu Buddha: »Das Wasser im Bach ist nicht sauber. Ich will zum Fluß zurückgehen und dort Wasser holen.« Doch der Fluß war sehr weit entfernt, und Buddha bat ihn, Wasser vom Bach zu holen. Kurz darauf kam Ananda wieder mit leeren Händen zurück. Das Wasser schien ihm immer noch nicht gut genug.

Doch Buddha hieß ihn noch einmal gehen.

Als Ananda den Bach zum dritten Mal erreichte, war er verblüfft. Der Bach war jetzt vollkommen rein und unverschmutzt. Der Dreck hatte sich gelegt, und das Wasser war klar geworden.

Ich finde diese Geschichte sehr interessant. Genauso verhält es sich nämlich mit dem menschlichen Verstand. Der Verkehr des Lebens kommt und wühlt ihn auf. Aber wenn man immer weiter beobachtet und ruhig und geduldig dasitzt, legen sich die Verunreinigungen, und eine natürliche Klarheit kehrt zurück. In dieser Klarheit des Denkens erneuert sich das Leben. Es ist nur eine Frage der Geduld, des stillen Wartens, und ohne daß man etwas tut, legen sich die Unreinheiten des Verstandes.

Man muß nur zum Beobachter werden, und der Verstand wird rein. Es ist nicht unsere Aufgabe, ihn rein zu machen. Alle Schwierigkeiten entstehen aufgrund von Tun. Beobachte ihn einfach. Sitz einfach am Flußufer und schaue zu, was dann passiert.

42

Auf dem spirituellen Weg muß man ganz genau unterscheiden können, was der Samen und was die Frucht ist. Man muß den Anfang und das Ende auseinanderhalten. Wer sich auf den Weg macht, ohne Ursache und Wirkung unterscheiden zu können, wird Fehler begehen. Nur weiterzugehen reicht nicht. Niemand erreicht nur durch Weitergehen das Ziel – auch die Richtung und die Art des spirituellen Bemühens müssen stimmen.

Auf dem spirituellen Weg gibt es einen zentralen Punkt, und es gibt auch Dinge, die an der Peripherie liegen. Wenn man am Zentrum arbeitet, wird für die Peripherie von selbst gesorgt. Es gibt keinen Grund, sich separat um sie zu kümmern, denn sie ist nur die Manifestation des Zentrums, sie ist lediglich das erweiterte Zentrum. Deshalb erweisen sich alle Bemühungen um die Peripherie als sinnlos. Es gibt eine Redensart: »Wie die Katze um den heißen Brei herumgehen«. Genauso ist es, wenn man sich mit peripheren Dingen abgibt.

Was ist das Zentrum, und was ist die Peripherie? Erkenntnis ist das Zentrum, und Demut ist die Peripherie. Erkenntnis ist der Anfang, und Demut ist das Ergebnis. Wissen ist der Samen, Demut ist die Frucht. Aber gewöhnlich gehen die Leute umgekehrt vor, sie gehen von Demut aus und wollen Erkenntnis gewinnen. Sie wollen Demut in Erkenntnis verwandeln.

Aber Demut kann nicht auf dem Boden der Unwissenheit kultiviert werden. Demut kann im Grunde überhaupt nicht kultiviert werden. Eine kultivierte Demut ist nicht Demut, sondern lediglich ein falsches Gewand, hinter

welchem der Mangel an Demut kaschiert wird.
Anerzogene Demut ist ein Täuschungsmanöver.
Man darf Dunkelheit weder verdrängen noch verbergen, sie muß beseitigt werden. Man darf sich keine Papierblumen der Demut ankleben, um den Hochmut zu kaschieren. Er muß ausgemerzt werden. Wenn er weg ist, kommt Demut zum Vorschein.
Eine erzwungene, in Unwissenheit kultivierte Bescheidenheit ist gefährlich, weil sie etwas vorgibt, was sie nicht ist, und weil das, was eigentlich ans Licht gebracht werden sollte, dabei völlig aus dem Blickfeld verschwindet.
Solange man unwissend ist, kann man nicht direkt zu Demut gelangen, denn Unwissenheit drückt sich wesenhaft in einem Mangel an Demut aus. Mangel an Demut ist nichts anderes als Unwissenheit. Ein Buddha hat gesagt: »Was kann ein Unwissender schon tun?«
Es ist nicht Demut, sondern Erkenntnis, um die man sich bemühen muß. Erkenntnis wird von selber zu Demut. Erkenntnis bringt in alles Licht. Und nur im Licht der Erkenntnis verschwinden Unwissenheit und Illusion. Nur durch Erkenntnis werden Verblendung und Haß ausgelöscht. Einzig und allein durch Erkenntnis erreicht man den Zustand der Befreiung.

43

Heute morgen erhielt ich einen Brief. Jemand hat gefragt: »Das Leben ist voller Leid, und doch redest du ständig von Seligkeit. Wenn man sich in der Welt umsieht, scheint alles Reden über Seligkeit nur der Phantasie zu entspringen.«

Gewiß sind wir von Leid umgeben – das Leben ist voll davon. Aber das, was von Elend umgeben ist, ist nicht Elend. Solange wir das anschauen, was uns umgibt, scheint es nur Elend zu geben. Schauen wir jedoch das an, was umgeben wird, wird das Elend auf einmal unwirklich, und die Seligkeit wird wirklich.

Das alles ist nur eine Frage der Perspektive. Die einzig richtige Art zu sehen ist jene, die den Sehenden manifestiert. Alles andere ist Blindheit. Sobald sich der Sehende manifestiert, wird alles zu Seligkeit, denn Seligkeit ist seine wahre Natur. Die Welt bleibt, doch sie wird zu etwas völlig anderem. Was uns in unserer Unwissenheit wie Dornen erschien, sieht jetzt nicht mehr so aus.

Die Existenz des Elends ist nicht echt, weil es durch diese spätere Erfahrung ausgelöscht wird. Genauso wie ein Traum im Augenblick des Erwachens unwirklich wird, wird auch das Elend unwirklich, wenn man sich selbst erkannt hat. Seligkeit ist Wahrheit, weil sie das Selbst ist.

44

Gestern hielt ich irgendwo einen Vortrag. Ich sagte: »Ich möchte euch unzufrieden machen. Ich wünsche mir, daß in euch allen ein spiritueller Durst, eine göttliche Unzufriedenheit erwacht.«

Wenn der Mensch sich mit dem zufriedengibt, was er ist, ist das sein Tod. Der Mensch ist nicht das Endziel der

Evolution. Auch er stellt nur eine Stufe in der Leiter der Evolution dar. Was sich in ihm verwirklicht, ist nichts im Vergleich zu dem, was noch unverwirklicht ist. Was er ist, ist sehr gering im Vergleich zu dem, was er sein kann. Religion will jeden Menschen aus seiner tödlichen Selbstzufriedenheit zu einem Leben in Unzufriedenheit erwecken, denn nur diese Unzufriedenheit bringt uns an den Punkt, wo es echte Zufriedenheit gibt.
Der Mensch muß sein Menschsein transzendieren. Dieses Transzendieren ermöglicht ihm den Zugang zum Göttlichen.
Wie vollzieht sich dieses Transzendieren?
Der Vorgang der Transzendenz wird verständlich, wenn man die folgende Definition versteht:
Tierdasein – der vorgedankliche Zustand.
Menschheit – der denkende Zustand.
Göttlichkeit – der Zustand jenseits vom Denken.
Wenn wir die Grenzen des Denkens überschreiten, erreicht unser Bewußtsein das Göttliche. Das Denken transzendieren heißt das Menschsein transzendieren.

45

In der Natur selbst sehe ich das Göttliche. Ich erfahre es jeden Augenblick, jede Minute. Kein einziger Atemzug vergeht, ohne daß ich ihm begegne. Wo meine Augen auch hinschauen, ist es gegenwärtig. In allem, was meine Ohren hören, erkenne ich seine Melodie.
Es ist überall. Es liegt nur an unserer Fähigkeit zu sehen. Es ist, aber wir brauchen Augen, die es sehen können. Ist

das Auge bereit, so manifestiert es sich überall, in jedem Augenblick.
Wenn in der Nacht der Himmel voller Sterne ist, denke nicht über sie nach, schaue sie an. Wenn die Wellen auf dem weiten Ozean tanzen, denke nicht über sie nach, schaue sie an. Und wenn eine Knospe sich zur Blüte öffnet, schaue sie an, schaue sie nur an. Wenn es keine Gedanken gibt, sondern nur Schauen, offenbart sich ein großes Geheimnis, und durch das Tor der Natur gewinnt man Zutritt in dieses Mysterium des Göttlichen.
Die Natur ist nichts anderes als ein dünner Schleier über dem Göttlichen, und nur wer es versteht, diesen Schleier zu heben, wird mit der Wahrheit des Lebens vertraut.

Ein junger Wahrheitssucher ging zu einem Meister. Dort angekommen, sagte er: »Ich möchte die Wahrheit erkennen, ich möchte die Religion erkennen. Bitte sage mir, wo ich anfangen soll.«
Der Meister fragte: »Hörst du den Wasserfall am Berg da drüben?«
Der junge Mann erwiderte: »Ich höre ihn deutlich.«
Der Meister sagte: »Dann fange da an. Geh da hinein. Da ist die Tür.«

Der Eingang ist wirklich so nahe – in den Wasserfällen, die von den Bergen rauschen, in den Blättern der Bäume, die sich im Wind wiegen, in den Sonnenstrahlen, die auf dem riesigen Ozean tanzen und funkeln. Aber vor jeder Tür ist ein Vorhang, der sich nur hebt, wenn wir ihn selber heben. In Wirklichkeit ist dieser Schleier nicht vor dem Eingang, sondern vor unseren Augen. So hat ein einziger Vorhang eine unendliche Anzahl von Türen verdeckt.

46

Der Mond steigt auf. Sein sanftes Licht fällt durch die Bäume und breitet sich langsam auf dem Weg aus. Der Wind ist voll vom Duft der Mangoblüten.
Soeben bin ich von einem Symposium zurückgekehrt. Die meisten Teilnehmer waren junge Leute, beeinflußt von modernen Trends und davon begeistert. Unglaube schien das einzige zu sein, woran sie glaubten, und Negation das einzige, was sie bejahten.
Einer von ihnen sagte: »Ich akzeptiere Gott nicht. Ich bin frei und unabhängig.«
Diese Äußerung spiegelt genau den Geist der Zeit wider, in der wir leben. Unsere Epoche wird von dieser Freiheit überschattet, und wir wissen nicht, daß diese Freiheit selbstmörderisch ist.
Warum ist sie selbstmörderisch? Weil es unmöglich ist, Gott zu verneinen, ohne sich selbst zu verneinen.
Ich erzählte ihnen eine Geschichte:

Eine Weinrebe wucherte im Garten von Gottes Palast. Sie war es leid, immer größer zu werden, zu wachsen und zu wachsen und ständig zu gehorchen. Sie hatte keine Lust mehr, abhängig zu sein, und eines Tages wollte sie sich endlich befreien. Sie rief, so laut sie konnte, damit es der ganze Himmel hörte: »Jetzt wachse ich nicht mehr. Ich wachse nicht mehr. Ich wachse nicht mehr!«
Eine wahrhaft seltsame Rebellion, denn sie richtete sich gegen ihre eigene Natur.
Gott sah die Weinrebe an und sagte: »Dann wachse nicht. Wozu solltest du wachsen?«
Die Weinrebe freute sich. Ihre Rebellion war gelungen. Sie

war nun sehr damit beschäftigt, nicht zu wachsen. Aber das Wachstum wollte nicht aufhören, es hört nie auf. So sehr sie sich auch anstrengte, nicht zu wachsen, sie wuchs immer weiter. Und Gott hatte es von vornherein gewußt.

Das ist unsere Situation. Das Göttliche ist unsere wahre Natur; es ist unser inneres Gesetz, man kann nicht davor weglaufen. Es gibt keine andere Möglichkeit, als das Göttliche zu sein. Wie sehr wir es auch verneinen, wie sehr wir uns auch davon befreien wollen, es gibt keine Befreiung davon, denn es ist unser ureigenes Selbst. Nur es allein ist wirklich; wir sind eine Einbildung. Deshalb sage ich: Wir befreien uns nicht vom Göttlichen, sondern ins Göttliche.

47

Ein König hatte einen Mann eingekerkert, der kerngesund und geistig normal war. Er wollte untersuchen, welche Auswirkung das Alleinsein auf den Menschen hat. Der Gefangene hatte lange Zeit gerufen und geschrien, er hatte geweint und verzweifelt um sich geschlagen, um endlich freizukommen. Schließlich wurzelte seine ganze Existenz da draußen, sein ganzes Leben war mit anderen Menschen verbunden. In seinem Innern war er nichts; allein zu sein war für ihn dasselbe wie gar nicht zu sein.
Nach und nach brach er zusammen. Irgend etwas in ihm begann zu verschwinden, und eine Stille ergriff ihn. Das Weinen hörte auf, die Tränen versiegten. Sein Blick war wie versteinert, und selbst wenn er etwas anschaute, schien

es so, als sähe er nichts.
Die Tage vergingen, die Monate vergingen, und schließlich war ein Jahr verstrichen. Man hatte alle Vorkehrungen getroffen, damit er sich behaglich und glücklich fühlte. Selbst Dinge, die er draußen nicht besessen hatte, standen ihm jetzt in seinem Gefängnis zur Verfügung. Schließlich genoß er ja königliche Gastfreundschaft!
Am Ende des Jahres erklärten die Spezialisten, er sei verrückt geworden. Äußerlich war er noch derselbe wie zuvor, vielleicht eher noch gesünder. Aber innerlich? Innerlich war er in einem gewissen Sinn bereits tot.

Ich frage: Kann das Alleinsein einen Menschen zum Wahnsinn bringen? Wie kann Alleinsein jemanden verrückt machen? In Wirklichkeit ist die Verrücktheit bereits vorhanden. Sie wird von den äußeren Beziehungen nur verdeckt. Das Alleinsein läßt sie zum Vorschein kommen. Der Mensch strebt rastlos danach, sich in der Menge zu verlieren, weil er vermeiden will, mit dieser Verrücktheit konfrontiert zu werden.
Deshalb läuft jedermann vor sich selbst davon. Doch diese Flucht ist ungesund. Die Wirklichkeit nicht zu sehen bedeutet nicht, davon frei zu sein. Wer nicht gesund und geistig ausgeglichen ist, wenn er mit sich völlig allein ist, lebt in einer Täuschung. Früher oder später wird diese Selbsttäuschung zu Bruch gehen, und man wird mit seinem Inneren in seiner ganzen Nacktheit konfrontiert werden. Wenn dies unabsichtlich und plötzlich geschieht, zerbricht die Persönlichkeit daran, man wird verrückt. Was unterdrückt ist, wird früher oder später explodieren.
Religion ist die Wissenschaft, wie man von sich aus in

dieses Alleinsein eintaucht. Wenn man eine Schicht nach der anderen freilegt, sieht man sich einer erstaunlichen Wahrheit gegenüber: Man erkennt nach und nach, daß man wirklich allein ist. In der Tiefe, im innersten Zentrum ist jeder allein. Doch weil man mit diesem Alleinsein nicht vertraut ist, hat man Angst davor.
Unwissenheit und Unvertrautheit verursachen Angst. Sobald man mit dem Alleinsein vertraut ist, treten Furchtlosigkeit und Seligkeit an die Stelle von Angst. Im Reich des Alleinseins ist Satchitanand gegenwärtig – Wahrheit, Bewußtsein, Seligkeit.
Man gelangt zum Göttlichen, indem man in sich selbst hinabsteigt. Deshalb sage ich: Lauft nicht vor dem Alleinsein, vor euch selbst davon, sondern taucht tief in euch hinein. Nur wer in den Ozean hineintaucht, findet Perlen.

48

In der Nacht hat es geregnet. Die Straßen sind naß, der Wind ist feucht und der Himmel voller Wolken. Die Sonne scheint sich heute nicht zu zeigen. Der Morgen fühlt sich sehr düster an.
Ein junger Mann ist gekommen. Er ist sehr belesen und gebildet – so scheint es jedenfalls. Seine Worte riechen nach Büchern, nach nichts als Büchern. Was für ein langweiliger Geruch!
Ich höre ihm zu, obwohl er gekommen ist, um mir zuzuhören. Er redet schon seit einer Stunde, aber alles, was er sagt, stammt nicht von ihm. Dieses mechanische

Denken wird durch unser heutiges Erziehungssystem produziert. Es ist nicht kreativ. Es fördert das Gedächtnis, nicht das Denkvermögen. Man sammelt Gedanken, ohne die Fähigkeit zu erwerben, selber zu denken. Das ist eine fatale Situation. Sie verhindert das Wachstum der Individualität, des Denkvermögens und der Fähigkeit, sich selbst zu erfahren. Man wiederholt nur noch mechanisch die Worte anderer Leute.

Wenn nur das Gedächtnis gefüttert wird, kann man nicht von echter Erziehung sprechen. Solch eine Erziehung ist nur eine Scheinerziehung. Erziehung muß jene Einsicht heranbilden, die von sich aus fähig ist, in ein Problem zu blicken. Es sind meine Probleme, wie sollen mir da von anderen gelieferte Lösungen helfen? Und zudem ist jedes Problem so neu, daß es nicht durch eine alte Lösung gelöst werden kann.

Die Erziehung muß unsere latente Energie erwecken, den Genius in uns. Wir sollten nicht mit Gedanken vollgestopft werden, die wir weder selbst gelebt noch selbst gekannt haben, die für uns vollkommen tot sind und unsere Bürde nur noch schwerer machen. Unter dieser toten Last kann der Genius nicht erwachen.

Jeden Tag sehe ich um mich herum Menschen, erdrückt unter der Last solcher Ideen, die sie nicht selbst erfahren, sondern von andern übernommen haben. Eine Idee, die man nicht selbst erfahren hat, wird unweigerlich zu einer Bürde.

Erziehung sollte kein passives Übernehmen von Gedanken vermitteln. Nur wenn Erziehung auf aktivem Verstehen und kreativem Erkennen aufbaut, ist sie sinnvoll.

Ich bin abgeschweift und habe den jungen Mann ganz

vergessen. Als er endlich alle seine Gedanken, die gar nicht die seinen waren, losgeworden war, schaute er stolz in die Runde, als wollte er sagen: »Ich weiß ebenfalls Bescheid.«
Wie mühsam ist Erkenntnis, und wie leicht hat es das Ego des Wissens! Erkenntnis findet keine statt, nur das Ego macht sich breit. Und vergeßt nicht, daß sich die beiden polar gegenüberstehen. Erkenntnis ist der Tod des Egos. Und wenn ein Ego vorhanden ist, kann man daraus schließen, daß keine Erkenntnis gewonnen wurde. Das Ego ist ein sicheres Anzeichen für fehlende Erkenntnis. Erkenntnis führt zu Egolosigkeit. Je tiefer die Einsicht eines Menschen reicht, desto mehr wird ihm klar, daß er nichts weiß. Erkenntnis demystifiziert die Existenz nicht, sie enthüllt sie vielmehr. Und in dem Augenblick, da sich das Geheimnis des Universums und des Selbst unmittelbar enthüllt – an diesem Siedepunkt wird der Mensch leer, und all sein »Ich-sein« verschwindet. Das Ego war das Produkt der Dunkelheit von Unwissen; im Licht der Erkenntnis stirbt es.
Ich blieb eine Weile still und sagte dann zu ihm: »Ich wollte dir zuhören, aber du sagst nichts. Nichts von dem, was du gerade gesagt hast, stammt von dir. Es ist alles geliehen. Doch der Reichtum anderer macht dich nicht reich. Er verdeckt vielleicht deine eigene Armut, aber er kann sie nicht beseitigen.«
Was die Wahrheit angeht, so ist nur die eigene Erfahrung wahr und lebendig. Durch sie findet eine Revolution in unserem Leben statt. Wenn man dagegen tote, fremde Gedanken über die Wahrheit mit sich herumschleppt, führt das zu nichts. Die Last wird nur schwerer, und die Möglichkeit, sich selbst zu verwirklichen, wird geringer.

Ein Wissen, das nicht unsere eigenes ist, verhindert, daß jene Erkenntnis wächst, die nur unsere eigene sein kann.

49

Der Abend scheint stillzustehen. Die westwärts ziehende Sonne ist schon längst hinter den Wolken verschwunden, doch die Nacht ist noch nicht angebrochen. Innen wie außen ist Alleinsein. Ich bin allein. Keiner ist außen, keiner ist innen.
Zu dieser Zeit bin ich nirgendwo, oder besser gesagt, ich bin da, wo Leere ist. Wenn der Verstand leer ist, ist er nicht.
Dieser Verstand ist etwas Erstaunliches. Er kommt mir vor wie eine Zwiebel. Eines Tages fiel mir diese Ähnlichkeit beim Anblick einer Zwiebel auf. Ich schälte die Zwiebel, ich schälte eine Schicht nach der andern ab, bis schließlich nichts mehr übrigblieb. Zuerst rauhe, dicke Schichten, dann weiche, glatte Schichten, und dann nichts mehr. Genauso ist es mit dem Verstand. Du schälst immer mehr ab, zuerst die groben Schichten, dann die subtilen Schichten, und zum Schluß bleibt Leere übrig. Gedanken, starke Gefühle, Ego – und dann gar nichts, nur Leere. Die Entdeckungsreise in diese Leere nenne ich Meditation. Diese Leere ist unser wahres Selbst. Was letztlich übrigbleibt, ist Selbst-Form. Nenne es das Selbst, nenne es das Nicht-Selbst, Worte sind bedeutungslos. Wo es keinen Gedanken, keine Leidenschaft, kein Ego gibt, da ist das, was ist.
Hume hat einmal gesagt: »Immer wenn ich in mich

hineintauche, finde ich kein Ich dort. Ich stoße auf einen Gedanken oder ein starkes Gefühl oder eine Erinnerung, aber nie auf mich selbst.«
Das ist richtig. Aber bei diesen Schichten macht Hume bereits kehrt, und das ist sein Fehler. Wäre er ein wenig tiefer gegangen, hätte er den Ort erreicht, wo man auf nichts mehr stoßen kann. Und das ist das wahre Selbst. Wo es nichts mehr gibt, auf das ich stoßen kann, da ist das, was ich bin. Alles gründet in dieser Leere. Aber wenn jemand schon an der Oberfläche umkehrt, wird er sie nicht kennenlernen.
An der Oberfläche ist die Welt; im Zentrum ist das Selbst. An der Oberfläche ist alles; im Zentrum ist nichts, ist Leere.

50

Ich bin gerade von einem Spaziergang an der Sonne zurückgekommen. Wie angenehm sich die warme Wintersonne anfühlt! Sie steht noch nicht lange am Himmel, und ihre Strahlen werden immer wärmer.
Ein Mann hat mich begleitet. Ich war den ganzen Weg still, doch er redete ununterbrochen. Während ich zuhörte, fiel mir auf, wie oft wir das Wort »Ich« gebrauchen. Dieses Ich ist der Mittelpunkt, auf den sich alles bezieht. Das Bewußtsein des Ichs ist wahrscheinlich das erste, was sich nach der Geburt entwickelt, und das letzte, was uns im Moment des Todes verläßt. Zwischen diesen beiden Punkten erstreckt sich dasselbe Ich.
Wie wohlbekannt ist dieses Ich, und doch wie unbekannt!

Es gibt kein geheimnisvolleres Wort in unserer Sprache. Das Leben geht dahin, aber nur selten wird das Geheimnis des Ichs enthüllt.
Was ist dieses Ich? Man kann es nicht einmal verneinen, selbst in der Verneinung kommt es noch vor. Selbst wenn ich sage: »Ich bin nicht«, ist es da. Bei der Verwirklichung des Menschen bildet dieses Ich die gewisseste, entschiedenste und unzweifelhafteste Entität.
»Ich bin«, dessen bin ich mir bewußt. Aber wer ich bin, das weiß ich nicht von vornherein. Das läßt sich nur durch spirituelles Bemühen erkennen. Alles spirituelle Bemühen ist ein Bestreben, dieses Ich zu erkennen. Alle Religionen, alle Philosophien sind Antworten auf diese einzige Frage.
»Wer bin ich?« Diese Frage muß sich jeder selber stellen. Laß alles andere fahren, bis nur diese einzige Frage übrigbleibt. Laß dein ganzes Wesen von dieser Frage widerhallen. Auf diese Weise sinkt sie in den unbewußten Teil des Verstandes.
Und während die Frage tiefer sinkt, lösen sich die oberflächlichen Identifikationsmuster auf. Nach und nach sieht man: Ich bin nicht der Körper. Nach und nach sieht man: Ich bin nicht der Verstand. Nach und nach sieht man: Ich bin das, was alles sieht; ich bin der Sehende, ich bin der Beobachter. Diese Erkenntnis führt zur Verwirklichung der wahren Natur des Ichs. Mit dem Erwachen dieses Wissens enthüllt sich das reine, erleuchtete, beobachtende Bewußtsein. Dann öffnet sich die Tür zum Mysterium des Lebens. Sobald wir mit uns selbst vertraut werden, werden wir mit dem Mysterium des ganzen Universums vertraut. Die Erkenntnis des Ichs wird zur Erkenntnis des Göttlichen.

Deshalb sage ich, dieses Ich sei kostbar. In seine tiefsten Tiefen vorzudringen bedeutet das Ganze zu erkennen.

51

Es ist Nacht, und die Stadt liegt in tiefem Schlaf. Ich kehre mit einem Besucher von einem Spaziergang zurück. Unterwegs wurde viel geredet. Der Gast ist ein Hylotheist, ein sehr belesener Gelehrter, der eine Menge Argumente gesammelt hat. Ich hörte ihm ruhig und gelassen zu und fragte ihn danach nur das eine: ob all diese Gedanken ihm Frieden und Glückseligkeit gebracht hätten.
Daraufhin wurde er etwas verlegen. Ihm fiel keine Antwort ein.
Argumente sind kein Prüfstein für die Wahrheit, Gedanken ebensowenig. Einzig die Erfahrung der Seligkeit ist der Prüfstein für die Wahrheit. Die richtige Geisteshaltung bringt ein Leben voll seliger Bewußtheit mit sich. Der Verstand dient nur dazu, uns an diesen Punkt zu bringen; eine Geisteshaltung, die uns nicht dahin bringt, ist eher Unverstand.
»Deshalb widerspreche ich deinen Behauptungen in keiner Weise«, sagte ich. »Ich fordere dich nur auf, dir diese Frage zu stellen.«
Religion ist kein Gedankensystem, sie ist die Wissenschaft, wie man zum göttlichen Bewußtsein gelangt. Nicht im Argumentieren, sondern im Experimentieren bewahrheitet sie sich. Sie ist keine Analyse der Wahrheit, sie ist das Streben nach Wahrheit und dessen Erfüllung.

52

Ich sitze in einer Hütte. Durch die Löcher im Strohdach fällt Sonnenlicht in runden Flecken auf den Boden. In seinem Lichtstrahl sehe ich Staubteilchen schweben. Sie sind nicht Teil des Lichts, aber sie lassen das Licht unrein erscheinen. Obwohl sie nichts mit dem Licht gemein haben, weil sie ganz anders beschaffen sind, erscheint das Licht ihretwegen unrein. Das Licht bleibt zwar Licht, an seiner eigentlichen Natur ändert sich nichts, aber sein Körper, sein Erscheinungsbild ist unrein geworden. Diese Fremdkörper lassen den Gastgeber anders aussehen.
Etwas Ähnliches ist mit der Seele des Menschen geschehen. Auch hier haben sich viele Staubteile als Gäste angesammelt und verdecken die wahre Natur des Menschen. Der Gastgeber scheint in der Menge der Gäste verlorengegangen zu sein und ist nicht mehr zu erkennen – so etwas Ähnliches ist geschehen.
Doch wer den Sinn des Lebens begreifen und der Wahrheit begegnen will, muß unter den vielen Gästen denjenigen finden, der nicht Gast ist, sondern der Gastgeber. Wenn man den Hausherrn nicht kennt, ist das Leben nur ein Schlafwandeln.
Wachheit beginnt mit dem Erkennen des Gastgebers. Dieses Erkennen ist Selbstverwirklichung. Durch dieses Erkennen wird man mit dem Ewigen, mit der reinen Buddha-Natur vertraut.
Das Licht wird durch den Staub nicht unrein, ebensowenig die Seele. Das Licht wird nur trüb, und die Seele gerät in Vergessenheit.
Was sind das für Staubpartikel auf dem Licht der Seele? Dieser Staub besteht aus allem, was von außen in mich

eingedrungen ist. Alles andere in mir ist meine Buddha-Natur. Alles, was die Sinnesorgane hereingelassen und angesammelt haben, ist Staub.
Was in mir habe ich nicht durch die Sinnesorgane erworben? Was gibt es sonst noch in mir außer Form, Geschmack, Geruch, Tastempfinden, Töne? Das, was nicht durch die Sinnesorgane vermittelt wurde, ist Wahrheit, Bewußtheit. Sie wird nicht durch die Sinne vermittelt, sie liegt vielmehr hinter ihnen.
Dieses Bewußtsein allein macht meine wahre Natur aus. Alles andere ist fremd, ist Staub. Bewußtsein ist der Gastgeber – alles andere sind Gäste. Dieses Bewußtsein müssen wir entdecken und freilegen. Nur in diesem Bewußtsein erlangen wir den Reichtum, der unvergänglich ist.

53

Der letzte Stern verschwindet im Dunst der Morgendämmerung. Ein neuer Tag bricht an, und über dem Osthimmel breitet sich ein sanftes Morgenrot aus. Ein Freund hat mir soeben die Nachricht vom Tod eines geliebten Verwandten überbracht. Heute nacht hat er seinen Körper verlassen.
Nach kurzem Schweigen fing mein Freund an, über den Tod zu sprechen. Er sagte vielerlei. Schließlich meinte er: »Der Tod ist ein alltägliches Ereignis; und doch lebt jeder so, als müsse er nie sterben. Es kommt einem gar nicht in den Sinn, daß man selbst auch sterben wird. Warum glauben wir so sehr daran, nicht zu sterben, obwohl wir

ständig vom Tod umgeben sind?«
Dieser Glaube ist sehr bedeutungsvoll. Er rührt daher, daß das, was im sterblichen Körper existiert, unsterblich ist. Die Peripherie ist sterblich, aber im Zentrum ist kein Tod. Wer sieht, wer den Körper und das Denken sieht, der weiß, daß er vom Körper und vom Denken getrennt ist. Wer das Sterbliche sieht, ist selbst nicht sterblich. Er weiß: »Für mich gibt es keinen Tod; der Tod ist nur ein Auswechseln des Körpers. Ich bin ewig. Selbst wenn ich durch den Tod gehe, bleibe ich, das Unsterbliche, bestehen.«
Aber dieses Wissen ist unbewußt. Es bewußt zu machen heißt frei zu werden. Den Tod sieht man direkt, das Wissen von der Unsterblichkeit ist indirekt. Wenn es ebenfalls zu direktem Wissen wird, erfährt man das, was weder Geburt noch Tod kennt. Dieses Leben jenseits von Leben und Tod zu erlangen ist Befreiung. Es ist in jedem Menschen gegenwärtig, man muß es nur erkennen.

Jemand fragte einen Weisen: »Was ist Tod, und was ist Leben? Um das zu erfahren, bin ich zu dir gekommen.« Der Weise gab ihm eine wunderbare Antwort. Er sagte: »Dann gehe woanders hin. Wo ich bin, gibt es weder Tod noch Leben.«

54

Gestern sprach ich darüber, daß aus Dreck eine Blume wird, daß Schmutz und Abfall zu Dünger werden und sich in Duft verwandeln. Genauso ist es mit den

Leidenschaften und Emotionen des Menschen. Sie sind Energien. Wenn man dem, was animalistisch im Menschen erscheint, eine andere Richtung gibt, wird daraus etwas Göttliches.
So ist selbst im Weltlichen der Keim des Göttlichen, und es gibt in der Tat nichts Unheiliges. Die gesamte Existenz ist göttlich. Alles ist göttlich. Es gibt nur unterschiedliche Manifestationen dieser Göttlichkeit.
Aus dieser Sicht gibt es nichts Verachtenswertes. Was an einem Ende Tier ist, ist am anderen Ende göttlich. Zwischen dem Tierischen und dem Göttlichen ist kein Widerspruch, sondern ein Wachstum. So gesehen sind Repression und Selbstkasteiung sinnlos. Solcherlei Kämpfe sind unwissenschaftlich. Wenn man sich in zwei Teile spaltet, kann man nie zu Frieden und Selbstverwirklichung gelangen.
Ich kann nicht einen Teil meiner selbst eliminieren. Ich kann ihn zwar unterdrücken, aber was unterdrückt ist, muß stets von neuem unterdrückt werden. Was überwunden wurde, muß immer wieder neu überwunden werden. Auf diesem Weg winkt kein Sieg.
Der rechte Weg ist ein ganz anderer.
Er führt nicht über Repression, sondern über Verstehen. Er besteht nicht darin, den Schmutz und den Abfall loszuwerden, denn Schmutz und Abfall sind ebenfalls ein Teil von mir. Er besteht vielmehr darin, sie in Dünger zu verwandeln. Das ist es, was in der alten Alchemie die Verwandlung von niederem Metall in Gold genannt wurde.

55

Mahavira fragte: »Oh ihr Sucher, was ist Angst für alles Lebendige?«
Gestern hat mich jemand dasselbe gefragt. Und diese Frage lauert in den Augen eines jeden Menschen, ob man sie stellt oder nicht. Vielleicht ist dies die einzige ewige Frage, und vielleicht ist es die einzige Frage, die es wert ist, gefragt zu werden.
Jeder hat Angst. Die Angst vor dem Bekannten und vor dem Unbekannten kriecht in uns herum. Ob wir sitzen oder stehen, schlafen oder wachen – die Angst ist da. In unserem ganzen Verhalten, in jedem Gedanken, in jeder Handlung steckt Angst. In Liebe und Haß, in Tugend und Sünde, in allem ist Angst. Es ist, als wäre unser ganzes Bewußtsein aus Angst erzeugt. Was ist unser Glaube, was sind unsere Konzepte, Religionen und Götter anderes als Erzeugnisse der Angst?
Was ist diese Angst? Es gibt viele Formen von Angst, aber Angst gibt es nur eine: die Angst vor dem Tod. Das ist die ursprüngliche Angst. Auf dem Grund jeder Angst liegt die Möglichkeit, zerstört zu werden, ausgelöscht zu werden. Angst ist die Besorgnis, nicht mehr zu sein, zu verschwinden. Das ganze Leben lang müht man sich ab, diesem Unbehagen zu entfliehen. Alle unsere Anstrengungen zielen darauf hin, dieser grundlegenden Unsicherheit aus dem Weg zu gehen.
Aber selbst wenn man durch das ganze Leben gejagt ist, sichert das unser Sein noch längst nicht. Der Wettlauf nähert sich dem Ende, doch die Unsicherheit bleibt dieselbe. Das Leben ist vollendet, aber dem Tod konnte man nicht entfliehen. Im Gegenteil: Was wie Leben

aussah, verwandelt sich zum Zeitpunkt seiner Vollendung in Tod. Dann sieht es auf einmal so aus, als sei es gar nie wirklich Leben gewesen, sondern nur ein ständig wachsender Tod, als seien Leben und Tod beides nur Polaritäten des Todes.

Warum diese Angst vor dem Tod? Der Tod ist doch etwas Unbekanntes, der Tod ist etwas Fremdes – wie kann man sich also davor fürchten? Was gibt es für eine Verbindung mit etwas, das wir nicht kennen?

In Wirklichkeit ist das, was wir Angst vor dem Tod nennen, nicht Angst vor dem Tod. Es ist die Angst, das zu verlieren, was wir als Leben kennen; es ist die Angst, das zu verlieren, was bekannt ist. Wir haben uns mit dem identifiziert, was wir kennen. Das ist unser Wesen geworden, das ist unsere Existenz geworden. Mein Körper, mein Reichtum, mein Ansehen, meine Beziehungen, meine Konditionierungen, mein Glaube, meine Gedanken – all dies ist zu meinem Leben, zu meinem Ich geworden. Der Tod wird dieses Ich wegnehmen – davor haben wir Angst. Das alles sammeln wir unermüdlich an, um Sicherheit zu gewinnen. Aber genau das Gegenteil tritt ein: Die Sorge, all dies zu verlieren, wird zur Angst.

So wendet sich alles, was der Mensch tut, gegen das Ziel, dem es eigentlich dienen sollte. Alle unsere aus Unwissenheit unternommenen Bemühungen, Glückseligkeit zu erlangen, führen ins Elend. Der Weg, den wir eingeschlagen haben, um furchtlos zu werden, führt uns in die Angst. Was wie Selbstverwirklichung aussieht, berührt das Selbst nicht. Wenn ich mir dieser Wahrheit bewußt werde, wenn ich erkennen kann, daß ich nicht das bin, was ich für mein Ich hielt, daß ich verschieden und getrennt von dem bin, womit ich mich

identifiziert habe, dann verschwindet die Angst. Im Tod geht nur »das andere« verloren.
Um diese Wahrheit zu erkennen, braucht man kein Ritual und keine Technik zu befolgen. Man muß sich nur all dessen bewußt werden, was man für sein Ich hält und womit man sich identifiziert hat. Dieses Bewußtwerden durchbricht die Identifikation. Bewußtwerden trennt das Selbst vom anderen. Angst rührt aus der Identifikation des Selbst mit dem anderen; die Einsicht in ihr Getrenntsein befreit von der Angst, sie bringt Furchtlosigkeit.

56

Ein Weiser schickte die Bewohner seiner Einsiedelei auf Reisen in die große Schule der Welt. Als die vereinbarte Zeit vorüber war, kehrten alle außer einem zurück. Der Weise war hocherfreut über ihre Errungenschaften und über das von ihnen angehäufte Wissen. Sie hatten viel Gelehrsamkeit mitgebracht. Schließlich kehrte auch jener letzte Schüler zurück. Der Weise sagte zu ihm: »Du bist als letzter zurückgekommen; gewiß hast du mehr gelernt als alle andern.«
Der junge Mann antwortete: »Ich bin zurückgekehrt, ohne irgend etwas gelernt zu haben. Im Gegenteil. Ich habe sogar das vergessen, was du mich gelehrt hast.« Was für eine enttäuschende Antwort!
Dann massierte der junge Mann eines Tages den Körper des Weisen. Während er seinen Rücken rieb, murmelte er vor sich hin: »Der Tempel ist sehr schön, aber in ihm fehlt ein Bild des Göttlichen.«

Das hörte der Weise, und er empörte sich. Sicher galten diese Worte ihm. Gewiß war mit dem Tempel sein schöner Körper gemeint. Als der junge Mann sah, wie der Weise in Wut geriet, fing er an zu lachen. Das war Öl ins Feuer. Der Weise warf ihn aus der Einsiedelei.

Eines Morgens, als der Weise im Tempel in seinen Schriften las, kam der junge Mann zufällig vorbei und setzte sich in seine Nähe. Dort blieb er sitzen, während der Weise weiterlas. In diesem Augenblick flog eine wilde Biene in den Raum und begann nach dem Ausgang zu suchen. Die Tür war offen – dieselbe Tür, durch die sie hereingekommen war –, doch wie blind versuchte sie durch das geschlossene Fenster hinauszufliegen. Ihr Summen hallte in der Stille des Tempels wider.

Der junge Mann stand auf und sagte laut zu der Biene: »Du dummes Tier, da ist keine Tür. Das ist eine Wand. Halte ein und schaue hinter dich. Dort ist die Tür, durch die du hereingekommen bist.«

Nicht die Biene, sondern der Weise war es, der diese Worte hörte. Und er fand die Tür. Zum ersten Mal schaute er dem jungen Mann in die Augen. Das war nicht mehr der Jüngling, der auf Reisen gegangen war. Das waren andere Augen. Jetzt erkannte der Weise, daß das, was der junge Mann gelernt hatte, kein gewöhnliches Wissen war. Er war mit einer Erkenntnis wiedergekommen, nicht mit etwas Erlerntem.

Der Weise sagte zu ihm: »Jetzt habe ich endlich verstanden, daß in meinem Tempel das Göttliche fehlt und daß ich bis jetzt nur mit dem Kopf gegen die Wand gelaufen bin, ohne die Türe zu finden. Was soll ich tun, um die Tür zu finden? Was soll ich tun, damit es in meinem Tempel nicht am Göttlichen fehlt?«

Der junge Mann antwortete: »Wenn du das Göttliche finden willst, dann leere dich. Wer voll von sich selbst ist, ist leer vom Göttlichen. Wer leer von sich selbst wird, der sieht, daß er seit jeher voll vom Göttlichen war. Und wenn du die Tür zu dieser Wahrheit finden willst, dann mache es genauso wie diese Biene.«
Der Meister sah, daß die Biene jetzt nichts mehr machte. Sie saß an der Wand, sie saß nur da. Da verstand er. Er wachte auf. Wie wenn ein Blitz in der Dunkelheit aufgezuckt hätte, erkannte er mit einemmal. Und er sah auch, wie die Biene jetzt durch die Tür hinausflog.

Diese Geschichte enthält meine ganze Botschaft. Das ist es, was ich sage. Um das Göttliche zu erlangen, braucht man nichts zu tun. Man braucht nur alles Tun aufzugeben und einfach nur zu sehen. Wenn der Verstand ruhig wird und schaut, findet man die Tür. Der ruhige und leere Verstand ist die Tür. Ich lade euch alle zu dieser Leere ein. Es ist die Einladung der Religion selbst. Diese Einladung anzunehmen heißt religiös zu werden.

57

Langsam verströmt die Sonne ihre Wärme unter dem blauen Himmel. Noch ist die Luft schwer vor Kälte, und die Tautropfen auf den Gräsern sind eisig kalt. Auch von den Blumen tropft der Tau. Ratrantie, die Königin der Nacht, ist schlafengegangen, nachdem sie die ganze Nacht ihren Duft verströmt hat.
Ein Hahn kräht, andere erwidern seinen Ruf aus der

Ferne. Ein leichter Wind weht durch die Bäume. Der Vogelgesang scheint kein Ende zu nehmen. Alles trägt das Zeichen des Morgens. Auf einmal verkündet die ganze Welt, daß der Tag angebrochen ist.
Ich sitze und beobachte den Weg, der sich zwischen den fernen Bäumen verliert. Er belebt sich allmählich. Immer mehr Leute kommen vorbei. Sie wirken beim Gehen schläfrig. Ein innerer Schlummer hat sie alle im Griff. Sie scheinen diese seligen Augenblicke des Morgens nicht wahrzunehmen, als hätten sie keine Ahnung, daß das, was hinter dem Universum liegt, sich in solchen Augenblicken so mühelos manifestiert.
Wieviel Melodie ist im Leben, und wie taub ist der Mensch!
Wieviel Schönheit ist im Leben, und wie blind ist der Mensch!
Wieviel Seligkeit ist im Leben, und wie gefühllos ist der Mensch!
Einmal war ich in den Bergen. Wir blieben lange, doch meine Begleiter waren ganz in ihr Gespräch über Alltägliches vertieft – Worte ohne Bedeutung, Nebensächlichkeiten, Belangloses. Die Nebelschwaden ihres Gesprächs hielten ihnen die Schönheit dieser Morgendämmerung in den Bergen verborgen.
Derart vom Bedeutungslosen eingehüllt, lernen wir das Unendliche nicht kennen, und was in Wirklichkeit so nahe ist, rückt durch unser eigenes Zutun in die Ferne.
Ich möchte den Menschen sagen: »Ihr habt nichts zu verlieren außer eurer Blindheit, und ihr habt alles zu gewinnen. Oh, ihr, die ihr euch selbst zu Bettlern gemacht habt, öffnet eure Augen! Das ganze himmlische und irdische Reich ist euer.

58

Gestern mittag kamen wir in ein Tal am Fuß eines kleinen Berges. In seinen lichten und schattigen Weiten verbrachten wir viele angenehme Stunden. In der Nähe lag ein Teich, von kräftigen Windstößen aufgewühlt. Wellen stiegen auf, fielen in sich zusammen und zerflossen. Alles war in heftiger Bewegung.
Dann ließ der Wind nach, und der Teich wurde in Schlaf gelullt.
Ich sagte: »Seht, wer ruhelos ist, kann auch friedvoll werden. In der Ruhelosigkeit ist Friede verborgen. Jetzt ist der Teich ruhig. Aber auch vorher war er ruhig, denn die Wellen waren nur an der Oberfläche; in der Tiefe herrschte auch vorher Friede.«
Auch der Mensch ist nur an der Oberfläche ruhelos. Die Wellen zerzausen nur die Oberfläche; im Innern, in der Tiefe herrscht vollkommene Stille. Wenn wir uns von den Winden der Gedanken abwenden, zeigt sich uns der stille Teich. Dieser Teich kann jetzt und hier gefunden werden. Zeit spielt dabei keine Rolle, denn Zeit existiert nur da, wo Gedanken sind. Meditation ist jenseits von Zeit.
Jesus hat gesagt: »Und es wird keine Zeit mehr geben.«
In der Zeit ist das Elend. Zeit ist Elend. Jenseits von Zeit zu sein bedeutet glückselig zu sein. Jenseits von Zeit zu sein ist Seligkeit.
Kommt, meine Freunde, laßt uns über das Zeitliche hinausgehen, denn dort sind wir wirklich. Was uns innerhalb der Zeit erscheint, ist in Wirklichkeit jenseits von ihr. Wenn man das erkennt, ist man bereits auf dem Weg. Sobald man das erkennt, legt sich der Wind, und der Teich wird still.

59

Es ist Vollmond, doch der Himmel ist mit Wolken bedeckt. Ich bin einen Fußweg entlang spaziert. Auf einem Sandhügel spielten ein paar Kinder. Sie hatten Sandburgen gebaut und waren darüber in Streit geraten. Aller Streit entbrennt bloß über Sandburgen. Schließlich waren es Kinder. Doch dann beteiligten sich auch jene, die den Kinderschuhen bereits entwachsen waren, und mischten sich ebenfalls in den Streit ein.
Ich stand am Wegrand und dachte, wie oberflächlich doch diese Einteilung in Kinder und Erwachsene ist. Das Alter macht wirklich keinen Unterschied; Reife hat überhaupt nichts mit Alter zu tun. Die meisten von uns sterben als Kinder.
Eine Legende über Laotse besagt, er sei als ein alter Mann geboren worden. Das erscheint sehr unnatürlich. Aber ist es nicht noch weit unnatürlicher, bis zum Ende des Lebens womöglich noch keine Reife erlangt zu haben?
Der Körper wächst, doch der Geist stagniert und bleibt am selben Punkt stehen. Nur so ist es möglich, daß man sich über Sandburgen streitet. Der Mensch zeigt sein wahres Gesicht, er legt die Maske der Menschlichkeit ab und beweist damit, daß alles Gerede über die Evolution bedeutungslos ist. Wer sagt, daß der Mensch vom Tier abstamme? Er ist immer noch bloß ein Tier!
Ist der Mensch etwa noch gar nicht geboren? Wenn wir tief in den Menschen hineinblicken, fällt die Antwort nicht positiv aus.

Diogenes trug selbst am hellichten Tag stets eine brennende Laterne mit sich. »Ich suche einen Menschen«, sagte er. Als er sehr alt geworden war, fragte ihn jemand, ob er noch immer darauf hoffe, einen Menschen zu finden. Er erwiderte: »Ja, deshalb habe ich immer noch die brennende Laterne mit.«

Inzwischen war eine große Menschenmenge bei dem Sandhügel zusammengelaufen und verfolgte belustigt und fasziniert die Beleidigungen, Drohungen und Einschüchterungsversuche der Beteiligten. In den Augen der Streitenden schien ein gewisser Glanz zu liegen; eine animalistische Freude floß durch ihre Augen und ihre Handlungen.
Gibran hat geschrieben:

Eines Tages fragte ich eine Vogelscheuche, die mitten auf dem Feld stand: »Wird es dir denn nicht langweilig, so still auf diesem Feld zu stehen?« Sie antwortete: »Oh nein. Es macht mir solchen Spaß, den Vögeln Angst einzujagen, daß ich gar nicht merke, wie die Zeit vergeht.« Nach einem Augenblick der Besinnung sagte ich: »Das stimmt. Auch ich kenne dieses Vergnügen.« Die Vogelscheuche meinte: »Gewiß. Nur Leute, deren Körper mit Stroh und Gras ausgestopft ist, können dieses Vergnügen kennen!«

Doch jeder scheint dieses Vergnügen zu kennen. Sind nicht auch wir mit Stroh und Gras ausgestopft? Sind nicht auch wir Imitationen, die auf dem Feld stehen?
Dieses Vergnügen – Kinder mit ihren Sandburgen und ihrem Vogelscheuchenverhalten – wurde mir bei der Rückkehr von meinem Spaziergang zuteil. Spielt sich das gleiche Vergnügen nicht auch auf der ganzen Welt ab?
Bei dieser Frage kommen mir die Tränen. Ich weine um

den Menschen, der geboren werden könnte, aber noch nicht geboren ist, der in jedem von uns existiert, aber so verborgen ist wie die Glut unter der Asche.
In Wirklichkeit ist der Körper nicht mehr als ein Haufen Stroh und Gras; und jeder, der hier haltmacht, stünde besser auf irgendeinem Feld, denn dort würde er zumindest dem Zweck dienen, die Ernte vor den Vögeln zu schützen. Der Mensch bringt nicht einmal so viel Nutzen!
Niemand wird wirklich Mensch, ohne das zu kennen, was jenseits des Körpers liegt; niemand wird Mensch, ohne die Seele zu kennen.
In menschlicher Form geboren zu werden ist das eine; Mensch zu sein etwas ganz anderes.
Der Mensch muß sich in sich selbst gebären. Man kann sich das Menschsein nicht wie ein Kleid umhängen.
Niemand wird ein Mensch, indem er sich die Hüllen des Menschseins umhängt, denn diese lassen ihn nur so lange als Menschen erscheinen, wie keine wirkliche Notwendigkeit besteht, Mensch zu sein. Wenn diese Notwendigkeit aufkommt, merkt man nicht einmal, wie die Kleider an einem herunterfallen.
So wie ein Samenkorn zu sprießen beginnt, indem es sein Wesen transformiert – und nicht, indem es sich irgendein Kleid umhängt –, so muß auch der Mensch seinen gesamten Lebensquell in eine vollkommen neue Dimension transformieren. Nur dann ist er geboren; nur dann findet die Verwandlung statt.
Dann besteht sein Vergnügen nicht darin, Dornen zu verstreuen oder zu säen; es verwandelt sich in die Freude, die Dornen aufzulesen und Blumen zu verstreuen. In diesem Augenblick wird deutlich, daß er nicht mehr aus

Stroh und Gras besteht, daß er ein Mensch ist. Er ist nicht der Körper, er ist die Seele.
Gurdjieff hat gesagt: »Vergeßt die Illusion, daß jeder Mensch eine Seele hat.« Was macht es schon aus, ob jemand, der schläft, eine Seele hat oder nicht? Solange sie nicht verwirklicht ist, ist sie nicht wirklich. Jeder Mensch kann eine Seele haben, aber nur der erlangt sie, der sie verwirklicht.

60

Ich sehe, daß sich im Bereich des menschlichen Bewußtseins alles um drei kleine Worte dreht. Welche drei Worte sind das? Es sind: wache Intelligenz, Intellekt und Instinkt.
Die am weitesten entwickelten Menschen werden von ihrer wachen Intelligenz geleitet. Die Mittelmäßigen werden vom Intellekt geleitet. Der niedrigste Bewußtseinszustand ist der Instinkt. Der Instinkt ist animalistisch, der Intellekt menschlich, die wache Intelligenz göttlich.
Der Instinkt ist natürlich und blind. Es ist ein Schlafzustand – die Welt des Unbewußten. Hier gibt es weder Gut noch Böse. Es gibt keine Unterscheidung und daher auch keinen inneren Konflikt, nur einen natürlichen Fluß blinder Leidenschaften.
Der Intellekt ist weder Schlaf noch Wachsein, sondern ein Halbbewußtsein. Er ist der Übergangszustand zwischen Instinkt und wacher Intelligenz – ein Korridor. Ein Teil von ihm ist bewußt geworden, der Rest ist noch

unbewußt. Man nimmt Unterscheidungen wahr – die Geburt von Gut und Böse. Hier gibt es sowohl Leidenschaften als auch Gedanken.
Wache Intelligenz bedeutet vollkommenes Wachsein. Sie ist reines Bewußtsein, sie ist nichts als Licht. Auch hier gibt es keinen Konflikt. Wache Intelligenz ist ein natürlicher Zustand: der natürliche Fluß des Guten, des Wahren und des Schönen.
Der Instinkt ist etwas Natürliches, die wache Intelligenz ebenfalls. Instinkt ist blinde Natürlichkeit, wache Intelligenz ist erwachte Natürlichkeit. Nur der Intellekt ist unnatürlich. Nach hinten ist er Instinkt, nach vorne wache Intelligenz. Sein Gipfel flammt hoch zur wachen Intelligenz, seine Wurzeln gründen im Instinkt. Die Oberfläche ist das eine, die Tiefe ist etwas anderes. Das bewirkt Spannung. Im Intellekt wirkt beides nebeneinander: die Versuchung, im Animalischen zu versinken, und die Herausforderung, sich zum Göttlichen zu erheben.
Wer aus Angst vor dieser Herausforderung im Animalischen versinken will, ist in einem Wahn befangen. Der Teil, der bewußt geworden ist, kann nicht mehr ins Unbewußte zurückfallen. Im Plan des Universums läuft nichts rückwärts.
Wer die Herausforderung annimmt und an der Oberfläche zwischen Gut und Böse zu wählen beginnt, ist ebenso in einem Wahn befangen. Eine solche Wahl samt angepaßtem Benehmen ist stets unnatürlich, ist bloß bemühte Schauspielerei. Und was Anstrengung erfordert, ist nicht gut.
Das Problem liegt in der Tiefe, nicht an der Oberfläche. Was dort schläft, muß geweckt werden. Nicht das Böse

muß wegfallen, sondern die Unbewußtheit. In der Dunkelheit muß ein Licht angezündet werden.
Das ist meine Botschaft für heute.

61

Mittagsstille.
Helles Sonnenlicht und schläfrige Bäume.
Ich habe mich im Schatten eines Rosenapfelbaumes ins Gras gesetzt. Hin und wieder fallen Blätter auf mich herunter – die letzten alten Blätter, wie es scheint.
Alle Bäume haben neue Blätter bekommen. Und mit den neuen Blättern sind auch scharenweise neue Vögel angekommen. Ihre Lieder wollen kein Ende nehmen.
Welch eine Vielzahl melodischer Klänge diesen Mittag mit Musik erfüllt! Ich höre zu, ich höre lange zu und gleite dann selbst in eine einzigartige Welt der Musik.
Die Welt des Selbst ist auch die Welt der Musik.
In jedem Menschen ist diese Musik gegenwärtig, sie braucht nicht erzeugt zu werden. Damit sie hörbar wird, muß man nur still werden.
Sobald wir still sind, scheint sich ein Schleier zu lüften.
Auf einmal hören wir das, was schon immer in uns war, und wir begreifen zum ersten Mal, daß wir nicht arm sind.
Ein unendlich reiches Erbe ist uns wiedergegeben. Es ist zum Lachen – was wir gesucht haben, war die ganze Zeit in unserem Innern.

62

In der Nacht hat es geregnet. Alles ist noch feucht, und die Erde duftet. Die Sonne steht schon hoch am Himmel. Eine Herde Kühe trottet hinüber in den schattigen Wald. Die hölzernen Glocken um ihren Hals haben einen lieblichen Klang. Ich habe ihnen eine Weile zugehört. Jetzt sind sie schon weit weg, und vom Klang ihrer Glocken ist nur noch ein schwaches Echo geblieben. Unterdessen haben sich ein paar Leute bei mir eingefunden. Sie fragen: »Was ist der Tod?«

Ich sage ihnen: »Wir kennen das Leben nicht, und deshalb gibt es den Tod. Selbstvergessenheit ist Tod. Ansonsten gibt es keinen Tod, sondern nur eine Veränderung.«

Weil wir das Selbst nicht kennen, haben wir ein illusionäres Selbst geschaffen, und das ist unser Ich, das Ego. Es existiert nicht wirklich, sondern ist nur scheinbar da. Nur dieses falsche Gebilde zerbricht. Und weil wir uns damit identifiziert haben, macht uns sein Zerbrechen unglücklich.

Wenn man diese Täuschung erkennt, solange man noch lebt, bleibt man vor dem Tod bewahrt. Erkenne das Leben, dann ist Schluß mit dem Tod.

Was ist, ist unsterblich.

Es zu erkennen bedeutet, das ewige, unvergängliche Leben zu erlangen.

Dasselbe habe ich gestern auf einer Versammlung gesagt:

Selbsterkenntnis ist Leben.

Selbstvergessenheit ist Tod.

63

Was der Mensch das Universum nennt, ist nicht die Grenze der Existenz, sondern nur die Grenze der menschlichen Sinne. Jenseits dieser Sinne erstreckt sich eine grenzenlose Weite. Die Sinne können diese grenzenlose Weite niemals erreichen, weil sie nur ein Bruchstück, nur einen Teil wahrnehmen. Was grenzenlos ist, was unendlich ist, kann keiner Zerstückelung, keiner Teilung unterworfen werden. Kein begrenztes Mittel kann das Unbegrenzte ermessen. Was grenzenlos ist, kann nur durch das Grenzenlose erfaßt werden.

Und die, die es erkannt haben, haben es nicht durch ihre Sinne oder ihren Intellekt erkannt; sie haben es erkannt, indem sie selbst grenzenlos geworden sind.

Das ist möglich, weil das Grenzenlose auch in dem scheinbar unbedeutenden und begrenzten Menschen anwesend ist.

Der Mensch endet nicht bei seinen Sinnen. Er ist nicht nur in seinen Sinnen, er erstreckt sich in Dimensionen jenseits der Sinne. Man sieht nur, wo er anfängt, aber nicht, wo er endet. Dies ist unsichtbar. Das Unsichtbare wohnt im Bereich des Sichtbaren.

Wenn der Mensch das Unsichtbare in sich erkennt, erkennt er das ganze Universum, denn alle Unterteilungen und Fragmentierungen beziehen sich auf das Sichtbare. Das Unsichtbare ist ungeteilt – das Eine und das viele sind dasselbe. Wer deshalb das Eine erreicht, erreicht ein und alles.

Mahavira hat gesagt: »Wer das Eine kennt, der kennt alles.«

Dieses Eine ist im Innern. Dieses Eine ist der Sehende,

nicht das Gesehene. Deshalb ist das Auge nicht das Mittel zur Erkenntnis – dazu muß man die Augen schließen.
»Die Augen schließen« bedeutet Freiheit vom Sichtbaren. Wenn das Sichtbare auch vor den verschlossenen Augen vorbeizieht, so wisse, daß deine Augen noch so gut wie offen sind. Wenn du hingegen nichts Sichtbares mehr vor Augen hast, dann sind deine Augen so gut wie geschlossen, selbst wenn sie offen sind. Wenn es nichts Gesehenes mehr gibt und nur das Sehen übrigbleibt, dann erscheint der Sehende.
Das Sehen, in welchem der Sehende erblickt wird, ist das rechte Sehen. Ohne rechtes Sehen ist der Mensch blind. Seine Augen allein machen ihn nicht sehend. Sehend wird er durch rechtes Sehen – durch das wahre Auge, das Auge jenseits der Sinne.
Dann verschwinden die Grenzen, dann gibt es keine Unterteilungen mehr, und man erlangt das, was ist: Brahman, die Weite ohne Anfang und ohne Ende.
Dies zu erreichen ist Befreiung, denn jede Begrenzung ist eine Fessel, jede Begrenzung hält abhängig. Über alle Begrenzungen hinauszugehen heißt frei zu werden.

64

Gestern hörte ich einen Vortrag. Es ging um »Selbstbeherrschung«. Die gängige Tradition verlangt, daß man alle Menschen lieben, sich selbst aber hassen muß. Man muß sich selbst feind werden, nur dann kann man sich vielleicht selbst überwinden. Diese Vorstellung ist zwar sehr populär, aber grundfalsch. Durch diese Methode

spaltet sich die Persönlichkeit auf, und so beginnt Gewalt gegen sich selbst. Und Gewalt macht alles häßlich.
Der Mensch braucht seine Leidenschaften nicht auf diese Weise zu unterdrücken – das ist sowieso unmöglich.
Gewalt ist nicht der Weg der Religion. Aufgrund dieser Irrmeinung haben sich viele Methoden entwickelt, um den Körper zu mißhandeln. Diese Tortur sieht wie Buße aus, aber in Wirklichkeit ist sie ein sadistisches Vergnügen an Gewalt, Unterdrückung und Widerstand.
Das ist nicht Buße, sondern Selbsttäuschung.
Der Mensch soll nicht mit sich selbst kämpfen, er soll sich selbst kennen.
Aber um sich zu kennen, muß man beginnen, sich zu lieben.
Man muß sich auf die richtige Art und Weise lieben. Ein Mensch, der blindlings seinen Leidenschaften folgt, liebt sich nicht, ebensowenig wie ein Mensch, der blindlings gegen sie ankämpft. Sie sind beide blind. Die zweite Blindheit entsteht als Reaktion auf die erste. Der eine ruiniert sich, indem er seinen Leidenschaften frönt, der andere, indem er dagegen ankämpft. Beide sind sie voller Haß gegen sich selbst.
Wissen beginnt damit, daß man sich selbst liebt. Alles, was ich bin, muß ich akzeptieren, muß ich lieben. Nur in diesem Akzeptieren und in dieser Liebe gelangt man zu dem Licht, das alles auf natürliche Weise transformiert. Und eine neue Schönheit entfaltet sich im Menschen – eine Musik, ein Friede, eine Seligkeit. Ihre integrierte Wirkung nennt man ein spirituelles Leben.

65

Bei meiner Ankunft ist gerade eine Diskussion über die Wahrheit im Gang. Ich höre zu. Da sprechen sehr gelehrsame Leute. Sie sind in philosophischen Theorien bewandert, wissen, wie viele Gedankensysteme es gibt, wie viele verschiedene Standpunkte, scheinen sich auszukennen. Ihre Köpfe sind voll. Nicht mit Wahrheit, sondern mit dem, was andere über die Wahrheit gesagt haben – als ob man die Wahrheit aufgrund von Aussagen anderer erkennen könnte, als ob die Wahrheit eine Ansichtssache, ein Gedanke oder irgendeine intellektuelle logische Schlußfolgerung wäre! Ihre Debatte wird immer intensiver, und bald ist niemand mehr in der Lage, dem andern zuzuhören. Jeder redet, aber niemand hört zu.
Ich bin still. Da erinnert sich jemand an mich, und alle wollen nun auch meine Meinung dazu hören. Ich habe keine Meinung. Ich sehe, daß da, wo eine Meinung ist, keine Wahrheit sein kann. Die Wahrheit beginnt, wo die Gedanken enden.
Was soll ich sagen? Sie wollen unbedingt etwas hören, also erzähle ich ihnen eine Geschichte:

Es gab einen Mystiker mit Namen Bodhidharma, der im sechsten Jahrhundert nach China ging. Er blieb dort einige Jahre, danach wollte er wieder zurückkehren. Er versammelte alle seine Schüler, denn er wollte wissen, welche Fortschritte sie auf dem Gebiet der Wahrheit gemacht hatten.
Auf seine Frage antwortete einer der Schüler: »Die Wahrheit liegt meiner Meinung nach jenseits von Zustimmung und Ablehnung. Man kann weder sagen, sie

ist, noch kann man sagen, sie ist nicht, denn das liegt in ihrem Wesen.«
Bodhidharma sagte: »Du hast meine Haut.«
Der zweite Schüler antwortete: »So wie ich es sehe, ist Wahrheit eine Erkenntnis. Einmal gewonnen, ist sie für immer gewonnen. Man kann sie nicht verlieren.«
Bodhidharma sagte: »Du hast mein Fleisch.«
Der dritte Schüler antwortete: »Ich halte die fünf Grundelemente für nichtig und die fünf Skandhas, die Formen des weltlichen Bewußtseins, für unwirklich. Genau dieses Nichts ist die Wahrheit.«
Bodhidharma sagte: »Du hast meine Knochen.«
Dann erhob sich einer, der wußte. Er legte seinen Kopf zu Füßen des Meisters und schwieg. Er war still, und seine Augen waren leer.
Bodhidharma sagte: »Du hast mein innerstes Mark, du hast meine Seele.«

Diese Geschichte ist meine Antwort.

66

Ich lese einen Vortrag irgendeines Heiligen. Er fordert die Menschen auf, ihre Wut aufzugeben, ihr Verhaftetsein aufzugeben, ihre Leidenschaften aufzugeben – als wären das Dinge, die man aufgeben kann, als könnte man sie auf Wunsch abschütteln und einfach aufgeben. Dieser Eindruck entsteht jedenfalls, wenn man so etwas liest oder hört.
Wenn man sich solche Predigten anschaut, erkennt man,

wie dick die Schicht unserer Unwissenheit ist und wie wenig wir über den menschlichen Verstand wissen.
Ich habe einmal ein Kind gefragt: »Warum gibst du deine Krankheit nicht einfach auf?«
Der Junge fing an zu lachen und sagte: »Steht es denn in meiner Macht, die Krankheit aufzugeben?«
Jeder Mensch möchte sich von Krankheiten und Bösem befreien. Doch dazu muß man tief zu den Wurzeln des Bösen hinabtauchen und bis zum Kern des Unbewußten vordringen, wo sie herrühren. Um sie loszuwerden, reicht es nicht, im bewußten Verstand einen Entschluß zu fassen.
Freud hat einmal einen interessanten Vorfall berichtet. Ein Dorfbewohner übernachtete in einem Hotel in der Stadt. Abends wollte er das Licht in seinem Zimmer löschen, aber es gelang ihm nicht. Immer wieder versuchte er das Licht auszublasen, doch es brannte weiter, ohne auch nur zu flackern. Am nächsten Morgen beschwerte er sich. Daraufhin erfuhr er, daß es keine gewöhnliche Lampe zum Ausblasen war, sondern ein elektrisches Licht.
Genauso sage ich: Es ist falsch, die Leute einfach aufzufordern, ihre schlechten Emotionen und Gefühle auszublasen. Das sind keine irdenen Lampen, das ist elektrisches Licht. Der Ausschaltmechanismus liegt im Unbewußten verborgen.
Alle vom bewußten Verstand gefaßten Entschlüsse sind vergeblich, genauso vergeblich wie der Versuch, die elektrische Lampe auszublasen. Nur wenn man mit Hilfe einer geeigneten Methode ins Unbewußte hinabsteigt, können dessen Wurzeln beseitigt werden.

67

Tick tack, tick tack. Die Uhr läuft wieder. In Wirklichkeit ist sie die ganze Zeit gelaufen, nur für mich war sie stehengeblieben. Oder besser gesagt: Ich hatte mich jener Sphäre, in der sie läuft, entzogen.
Ich war in ein anderes Reich der Zeit übergetreten. Ich saß mit geschlossenen Augen da und schaute nach innen, schaute weiterhin nach innen. Es war ein völlig anderer Zeitraum. Dann wurde die Verbindung mit diesem Zeitraum durchbrochen.
Wie beseligend ist es, aus der Zeit zu gleiten! Die Bilder im Verstand hören auf. Ihre Existenz ist Zeit. Sobald sie enden, endet auch die Zeit, und nur die reine Gegenwart bleibt. Die Gegenwart ist nur in unserer Sprache ein Teil der Zeit; in Wirklichkeit gehört sie nicht zur Zeit, ist sie jenseits davon. In der Gegenwart zu sein bedeutet im Selbst zu sein. Aus dieser Welt bin ich gerade zurückgekommen. Wie friedlich alles ist! In der Ferne singt ein Vogel. Ein Kind weint in der Nachbarschaft. Ein Hahn kräht.
Welch eine Seligkeit ist das Leben! Und jetzt weiß ich, daß auch der Tod Seligkeit ist, denn das Leben endet nicht mit dem Tod. Er ist nur eine Phase des Lebens – das Leben existiert davor und auch noch danach.

68

Was ist Gott? In wie vielen Köpfen geht diese Frage um? Ein junger Mann hat mich gestern danach gefragt. Es hört

sich an, als ob Gott ein Ding wäre, das vom Sucher getrennt und verschieden ist, und als ob man es erlangen könnte, so wie andere Dinge auch.
Allein schon die Vorstellung, Gott zu erlangen, ist sinnlos, genauso sinnlos wie die Vorstellung, ihn zu verstehen, denn er ist in jeder unserer Zellen. Wir sind in ihm. Oder besser gesagt: Ich bin nicht, nur er ist.
Gott ist der Name für das, was ist. Er ist nicht ein Bestandteil des Seins. Er selbst ist das Sein. Die Existenz gehört ihm nicht zu, sie ist vielmehr in ihm.
Gott ist der Name all dessen, was ist – der Existenz, des Namenlosen.
Deshalb kann man ihn nicht suchen, denn der Sucher selbst ist in ihm. Man kann sich nur in ihm verlieren. Und sich in ihm zu verlieren heißt ihn zu finden.
Eine kleine Geschichte:

Ein Fisch war es leid, immer wieder den Namen »Ozean« zu hören. Eines Tages fragte er die Königin der Fische: »Ich höre diesen Namen nun schon so lange, aber was ist eigentlich dieser Ozean? Und wo ist er?«
Die Königin antwortete: »Im Ozean wirst du geboren, in ihm ist dein Leben, deine ganze Welt. Der Ozean ist dein eigentliches Sein. Der Ozean ist in dir und außer dir. Du bist aus Ozean gemacht und endest in ihm. Der Ozean umgibt dich in jedem Augenblick.«

Gott umgibt uns alle in jedem Augenblick, aber wir sind unbewußt, deshalb sehen wir ihn nicht.
Unbewußtheit ist die Welt; Bewußtheit ist Gott.

69

Ein Asket suchte mich auf. Er ist seit Jahren ein Sannyasin. Ich fragte ihn: »Warum hast du Sannyas genommen?« Er antwortete: »Ich begehrte Frieden.« Das machte mich nachdenklich. »Kann man Frieden begehren? Sind nicht Friede und Begehren einander entgegengesetzt?« fragte ich ihn.

Er sah etwas verwirrt aus. Dann sagte er: »Was soll ich denn tun?«

Ich mußte lachen: »Verbirgt sich nicht auch im Tun Begehren?«

Es geht nicht darum, etwas zu tun. Friede erfordert kein Tun; er ist kein Teil des Begehren. Es ist sinnlos, Frieden zu begehren; es ist vielmehr notwendig, die Rastlosigkeit zu verstehen.

Was ist Rastlosigkeit? Das gilt es zu erkennen – und zwar nicht aus Büchern, sondern aus eigener Erfahrung. Weil man religiöse Schriften studiert, taucht das Verlangen nach Frieden auf, und so fragt man sich: »Was muß ich dafür tun?«

Der Asket sagte: »Rastlosigkeit wird von Leidenschaften, von Begehren hervorgerufen. Wenn das Begehren aufhört, herrscht Friede.«

Ich erwiderte: »Diese Antwort stammt aus den Schriften, nicht von dir selbst, sonst hättest du nicht sagen können: ›Ich begehre Frieden.‹ Wenn Begehren Rastlosigkeit ist, wie kann man da Frieden begehren? Erkenne deine Unrast, werde dir ihrer durch eigene Erfahrung bewußt, verstehe sie durch einen unschuldigen, unvoreingenommenen Verstand! Ein solches Verstehen wird dir die Wurzeln der Rastlosigkeit vor Augen führen.

Leidenschaft ist der Ursprung der Rastlosigkeit – das wirst du selbst erkennen. Und diese Erkenntnis läßt die Rastlosigkeit verschwinden.«
Sich der Rastlosigkeit bewußt zu werden ist ihr Tod, denn sie kann nur in Dunkelheit und Blindheit existieren. Sobald das Licht der Erkenntnis darauf fällt, hört sie auf zu existieren. Was bleibt, wenn die Rastlosigkeit verschwindet, ist Friede.
Man kann nicht Frieden als Mittel gegen Rastlosigkeit begehren. Friede ist nicht das Gegenteil von Rastlosigkeit, er ist das Fehlen von Rastlosigkeit. Deshalb muß man nicht Frieden suchen, man braucht nur die Rastlosigkeit zu verstehen.
Aus Schriften geborgtes Wissen wird zum Hindernis beim Verständnis unserer Unrast, denn noch ehe man eigene Erfahrungen gemacht hat, füllen vorgefertigte Antworten den Verstand mit geborgten Schlußfolgerungen aus. Transformation geschieht nicht mittels solcher geborgter Schlußfolgerungen, sondern nur auf dem Weg der Selbsterfahrung. Jeder Mensch muß sich in seinem spirituellen Leben von der Last geborgten Wissens befreien und seinen eigenen Weg finden.

70

Was ist nur mit dem Menschen los?
Ich stehe morgens auf – ich sehe, wie die Eichhörnchen munter herumrennen, ich sehe, wie sich die Blumen den Sonnenstrahlen öffnen, ich sehe, wie die Natur von harmonischen Melodien überfließt. Ich gehe abends

schlafen – ich sehe, wie die Stille von den Sternen herabsinkt, ich sehe, wie die gesamte Schöpfung sich in seligen Schlaf hüllt. Und ich frage mich: »Was ist nur mit dem Menschen los?«

Alles vibriert vor Seligkeit, nur der Mensch nicht. In allem erklingt Musik, nur im Menschen nicht. Alles gründet in göttlichem Frieden, nur der Mensch nicht.

Nimmt der Mensch an all dem nicht teil? Ist der Mensch ein Außenseiter, ein Fremder?

Der Mensch hat diese Entfremdung selbst herbeigeführt. Er hat diesen Bruch mit eigenen Händen geschaffen.

Mir fällt eine Geschichte aus der Bibel ein. Nachdem der Mensch vom Baum der Erkenntnis gegessen hat, wird er aus dem Paradies vertrieben. Wie wahr ist diese Geschichte! Wissen, Intellekt und Verstand haben den Menschen dem Leben entrissen. In der Existenz verblieben, ist er aus ihr herausgefallen.

Sobald man das Wissen losläßt, sobald man den Verstand losläßt, öffnet sich eine neue Welt. In ihr werden wir wieder eins mit der Natur. Nichts ist dort getrennt, nichts ist dort fremd. Alles beginnt in einer melodischen Musik des Friedens zu pulsieren. Diese Erfahrung allein ist Gott. Gott ist keine Person. Gott wird nicht erfahren; vielmehr wird eine gewisse Erfahrung Gott genannt. Man sieht Gott nicht von Angesicht zu Angesicht; vielmehr wird ein direktes Sehen Gott genannt.

In diesem direkten Sehen wird der Mensch heil und ganz. In dieser Erfahrung kommt er nach Hause. In diesem Licht nimmt er teil an der natürlichen Seligkeit der Blumen und Pflanzen. In dem allem verschwindet er einesteils und gelangt andernteils zum Sein. Dies ist sein Tod wie auch seine Wiedergeburt.

71

Was ist Heiligkeit?
Viele Menschen stellen sich diese Frage. Hätte Heiligkeit etwas mit einem bestimmten Kleid, mit äußerer Erscheinung zu tun, würde diese Frage nicht auftauchen. Aber Heiligkeit ist sicher keine äußere, sondern irgendeine innere Wirklichkeit. Was ist diese innere Wirklichkeit?
Heiligkeit bedeutet in sich selbst zu sein. Gewöhnlich ist der Mensch außerhalb seiner selbst, nicht einen Augenblick lang ist er in sich selbst. Er ist mit allem anderen, nur nicht mit sich selbst. Diese Trennung vom Selbst ist Unheiligkeit. Zu sich selbst zurückzukommen, im eigenen Selbst verwurzelt zu sein, heil und gesund zu werden ist Heiligkeit. Spirituell ungesund zu sein ist Unheiligkeit; spirituell gesund zu sein ist Heiligkeit.
Wenn ich außerhalb meiner selbst bin, schlafe ich. Das Außen ist »das andere«, ist Unbewußtheit. Mahavira hat gesagt: »Wer schläft, ist unweise.« Von der Abhängigkeit vom andern zur Freiheit des Selbst zu erwachen bedeutet heilig zu sein.
Wie erkennt man diese Heiligkeit?
Man erkennt sie am Frieden, an der Seligkeit, an der Ganzheit.

Der heilige Franziskus von Assisi machte einmal mit seinem Schüler Leo eine Pilgerreise. Auf dem Weg nach San Marino gerieten sie in ein Unwetter. Sie wurden bis auf die Haut durchnäßt und starrten vor Schmutz. Die Nacht brach herein. Sie waren ausgehungert und übermüdet von der langen Reise, doch das Dorf lag noch in weiter Ferne, und vor Mitternacht konnten sie es nicht erreichen. Auf einmal fragte Franziskus: »Leo, weißt du, wer der wahre Heilige ist? Nicht der, der die Blinden sehend macht, der die Kranken gesund macht und der sogar die Toten wieder zum Leben erweckt – der ist nicht der wahre Heilige.«

Eine Weile schwiegen sie, dann fuhr Franziskus fort: »Leo, der wahre Heilige ist auch nicht der, der die Sprache der Tiere, der Bäume, der Steine und Felsen versteht. Nicht einmal der, der alles Wissen der Welt erworben hat, ist ein wirklich Heiliger.«

Wieder herrschte eine Weile Schweigen. Sie zogen weiter durch Sturm und Regen. Jetzt tauchten die ersten Lichter von San Marino auf. »Und auch der, der allem entsagt hat, ist nicht der wahre Heilige«, fügte der heilige Franziskus hinzu.

Jetzt konnte Leo nicht länger an sich halten. »Wer ist denn der wahre Heilige?« wollte er wissen.

Franziskus antwortete: »Gleich kommen wir nach San Marino und werden ans Tor der Herberge klopfen. Der Wächter wird fragen: ›Wer ist da?‹ Wir werden antworten: ›Zwei deiner Brüder, zwei Mönche.‹ Wenn er dann sagt: ›Ihr Bettler, ihr faulen Schmarotzer, verschwindet, macht, daß ihr wegkommt! Hier ist kein Platz für euch‹, und sich weigert, das Tor zu öffnen, und wir mitten in der Nacht draußen stehen, hungrig, müde und dreckig, wie wir sind, und noch einmal ans Tor klopfen, und wenn er diesmal herauskommt, uns mit dem Knüppel vertreibt und sagt: ›Ihr Schurken, laßt uns in Ruhe!‹ – wenn sich auch diesmal nichts in uns regt, wenn in uns alles friedlich, ruhig und leer bleibt und wir in diesem Herbergswächter noch immer nur das Göttliche sehen, dann ist das wahre Heiligkeit.«

In allen Umständen den Zustand von ungestörtem Frieden, Einfachheit und Gleichmut zu erlangen – das ist Heiligkeit.

72

Gestern abend fragte mich ein junger Mann: »Ich kämpfe mit meinem Verstand, und doch finde ich keinen Frieden. Was soll ich mit dem Verstand anstellen, um endlich Frieden zu finden?«
Ich sagte: »Keiner kann etwas gegen die Dunkelheit tun; sie existiert nämlich gar nicht, sie ist nur Abwesenheit von Licht. Deshalb ist es Unsinn, gegen sie anzukämpfen. Genauso verhält es sich mit dem Verstand. Auch er existiert nicht, auch er hat keine eigene Existenz. Er ist Abwesenheit von Selbstverwirklichung, er ist Abwesenheit von Meditation. Deshalb kann man auch nicht auf direktem Weg gegen ihn vorgehen. Wenn man die Dunkelheit beseitigen will, muß man Licht hineinbringen. Und wenn man den Verstand ausschalten will, muß man Meditation hineinbringen. Man soll den Verstand nicht kontrollieren, sondern muß erkennen, daß er einfach nicht existiert. Sobald man das erkannt hat, ist man davon befreit.
Er fragte: »Wie komme ich zu dieser Erkenntnis?«
»Zu dieser Erkenntnis kommt man durch das beobachtende Bewußtsein. Sei ein Beobachter des Verstandes. Beobachte das, was ist, und kümmere dich nicht darum, wie es sein sollte. Das was ist, wie es ist – nimm es wahr, sei aufmerksam! Sei dir der Dinge bewußt,

so wie sie sind. Urteile nicht, kontrolliere nicht, mache keinen Kampf daraus, beobachte einfach nur still. Dieses Beobachten, dieses Zeuge-Sein wird zur Befreiung.«
Sobald man ein Zeuge wird, wendet sich das Bewußtsein vom Gesehenen ab und richtet sich auf den Sehenden. In diesem Zustand wird das stete Licht der Weisheit erlangt. Und dieses Licht ist Befreiung.

73

Ich habe in einer Ecke einen alten Spiegel gefunden. Er ist völlig verstaubt. Er sieht gar nicht mehr wie ein Spiegel aus, der etwas einfangen und reflektieren kann, weil der Staub alles zugedeckt und den Spiegel fast verborgen hat. Es sieht aus, als gäbe es nur noch Staub und keinen Spiegel mehr.
Doch vom Staub bedeckt zu werden hat den Spiegel nicht wirklich zerstört. Er ist immer noch ein Spiegel, daran hat sich nichts geändert. Der Staub liegt darauf, nicht darin. Der Staub bildet eine Schicht, eine Decke, er zerstört nichts. So eine Schicht deckt nur zu, und sobald sie entfernt wird, zeigt sich wieder das, was ist.
Ich sagte zu jemandem, daß das menschliche Bewußtsein genauso wie dieser Spiegel beschaffen ist. Der Staub der Leidenschaften hat sich darüber ausgebreitet, eine Schicht aus Emotionen liegt auf ihm, Schichten von Gedanken liegen darauf, doch an der Natur des Bewußtseins hat sich nichts geändert. Es ist dasselbe, es bleibt sich immer gleich. Ob eine Hülle da ist oder nicht, macht keinen Unterschied. Hüllen bedecken nur die Oberfläche,

deshalb lassen sie sich leicht wegziehen und entfernen. Den Staub vom Bewußtsein zu entfernen ist nicht schwieriger, als den Staub von einem Spiegel zu entfernen. Die Seele ist einfach zu finden – das einzige Hindernis ist eine dünne Staubschicht. Und wenn diese Schicht entfernt ist, erkennt man unmittelbar, daß die Seele selbst Gott ist.

74

Ich bin von einer Filmvorführung zurückgekommen. Es ist erstaunlich, wie sehr diese auf die Leinwand projizierten Bilder aus Licht und Schatten die Leute gefangennehmen. Eigentlich ist gar nichts da, und doch passiert so vieles! Ich beobachtete die Zuschauer. Sie schienen sich selbst vergessen zu haben, als wären sie selbst gar nicht vorhanden, als gäbe es nur diese Abfolge von elektrisch projizierten Bildern.
Vorn ist eine leere Leinwand. Von hinten werden darauf Bilder projiziert. Die Zuschauer starren gebannt nach vorn, und keiner ist sich bewußt, was hinter seinem Rücken vor sich geht.
So entsteht Leela, das Spiel.
Dasselbe geschieht innen im Menschen. Hinten im menschlichen Verstand gibt es einen Projektor. Die Psychologie nennt diesen Hintergrund das Unbewußte. Die in diesem Unbewußten angehäuften Sehnsüchte, Leidenschaften und Konditionierungen werden ständig auf die Leinwand des Verstandes projiziert. Dieser Strom von mentalen Projektionen läuft die ganze Zeit ohne Unterbruch ab.

Das Bewußtsein ist ein Sehendes, ein Zeuge, doch es vergißt sich in jenem Strom aus Bildern von Wünschen. Diese Vergeßlichkeit ist Unwissenheit. Diese Unwissenheit ist die Ursache von Maya, den Illusionen und dem endlosen Kreislauf von Geburt und Tod. Aus dieser Unwissenheit erwacht man, wenn das Denken zum Stillstand kommt. Erst wenn der Verstand frei von Gedanken ist, wenn der Strom der Bilder auf der Leinwand aufhört, erinnert sich der Zuschauer seiner selbst und kehrt nach Hause zurück.
Patanjali nennt diesen Stillstand aller Aktivitäten des Verstandes Yoga. Wer das erreicht, erreicht alles.

75

Eine Geschichte:

Ein unverheiratetes Mädchen wurde schwanger. Ihre Angehörigen wußten sich keinen Rat mehr. Sie fragten sie, wer dafür verantwortlich sei. Das Mädchen sagte, daß der Mönch, der draußen vor der Stadt wohnte, sie vergewaltigt habe. Die erbosten Verwandten umringten den Mönch und beschimpften ihn heftig. Dieser hörte sich ihre Wutausbrüche ruhig an und sagte nur: »Ist dem so?« Mehr sagte er nicht. Dann bot er sich an, die Verantwortung für die Erziehung des Kindes zu übernehmen.
Zu Hause angekommen, überkam das Mädchen heftige Reue, und sie gestand die Wahrheit. Sie habe den Mönch noch nie gesehen und gelogen, um den wirklichen Vater

des Kindes zu schützen. Da verspürten auch die Familienangehörigen Reue über ihr Verhalten. Sie gingen zurück zu dem Mönch, entschuldigten sich und baten ihn um Vergebung. Der Mönch hörte sich alles ruhig an und sagte dann: »Ist dem so?«

Wenn im Leben eines Menschen Friede eingekehrt ist, dann ist diese ganze Welt mit all ihren Ereignissen nur noch ein Schauspiel. Man wird ein reiner Schauspieler. Außen geht die Geschichte weiter, innen bleibt man in ein Nichts gehüllt. Erst wenn man diesen Zustand erreicht hat, wird man frei und ist nicht mehr ein Sklave der Welt. Ich bin ein Sklave, wenn mich jedes äußere Ereignis erregen kann, wenn jeder mich von außen beeinflussen und mein Inneres verändern kann. Das macht mich abhängig. Wenn ich frei von äußeren Dingen werde und derselbe bleibe, egal was draußen geschieht, ist das ein Zeichen für das Selbst und für die Freiheit.
Diese Befreiung beginnt mit dem Erlangen des Nichts.
Wir müssen eine Null werden.
Wir müssen die Leere erfahren.
Ob wir wachen oder schlafen, ob wir sitzen oder uns erheben – immer müssen wir wissen und uns stets daran erinnern, daß wir eine Leere sind. Indem man die Leere in Erinnerung behält, wird man leer. Dann füllt sich jeder Atemzug mit Leere.
Wenn im Innern Leere einzieht, erscheint außen Einfachheit.
Die Leere selbst ist göttlich.

76

Ich hatte mich hingesetzt und die Augen geschlossen. Weil wir immer nur mit offenen Augen sehen, haben wir die Kunst verlernt, mit geschlossenen Augen zu sehen. Was man mit offenen Augen sieht, ist gar nichts im Vergleich zu dem, was man mit geschlossenen Augen sieht. Das winzige Augenlid trennt und verbindet zwei Welten.
Während ich mit geschlossenen Augen dasaß, kam jemand herein und fragte, was ich tue. Als ich ihm sagte, daß ich etwas sähe, wurde er ganz verwirrt. Er muß sich gedacht haben: »Kann man das denn auch Sehen nennen, wenn die Augen zu sind?«
Wenn ich meine Augen öffne, komme ich ins Endliche zurück. Wenn ich meine Augen schließe, öffnen sich die Türen des Unendlichen. Auf der einen Seite sieht man das Gesehene, auf der anderen den Sehenden.

Es lebte einmal eine Mystikerin namens Rabiya. Eines schönen Morgens sagte jemand zu ihr: »Rabiya, was tust du da in der Hütte? Komm heraus! Schau, was für einen wunderschönen Tag Gott geschaffen hat!«
Da rief Rabiya aus der Hütte: »Hier drinnen sehe ich den Schöpfer des Tages, den du dort draußen siehst. Du solltest lieber hereinkommen, mein Freund. Alle äußere Schönheit verblaßt vor der Schönheit, die hier drinnen ist.«

Doch wie viele Leute bleiben selbst mit geschlossenen Augen noch draußen? Nur dadurch, daß man die Augen schließt, sind sie noch nicht wirklich geschlossen. Die Augen sind zwar zu, doch die äußeren Bilder gestalten

sich noch immer. Die Augenlider sind zwar geschlossen, doch die Szenen der Außenwelt ziehen noch immer vorbei. Das ist nicht gemeint mit »die Augen schließen«. Die Augen zu schließen meint Leere, Freiheit von Träumen und Gedanken. Erst wenn Gedanken und Szenen verschwinden, sind die Augen geschlossen. Was sich dann manifestiert, ist das ewige Bewußtsein, ist Wahrheit, ist Bewußtheit, ist Seligkeit.
Das ganze Spiel hängt vom Auge ab. Wenn das Auge verwandelt ist, ist alles verwandelt.

77

Gestern abend hat es geregnet, und ich ging ins Haus. Die Fenster waren alle geschlossen, es war zum Ersticken. Ich öffnete die Fenster, und mit den frisch vom Regen gebadeten Windstößen strömte eine Frische herein. Wann ich in tiefen Schlaf fiel, weiß ich nicht mehr.
Heute morgen kam ein Mann zu Besuch. Sein Anblick erinnerte mich wieder an das erstickende Gefühl der letzten Nacht. Es kam mir vor, als seien alle Türen und Fenster seines Verstandes verriegelt; er hatte nicht ein einziges Fenster offen gelassen, durch das frische Luft und Licht hätten eindringen können. Alles in ihm war verschlossen. Während ich mit ihm sprach, hatte ich das Gefühl, gegen eine Wand zu reden. Dann wurde mir bewußt, daß die Mehrzahl der Menschen ähnlich unzugänglich ist und ihnen die Schönheit, die Frische und die Neuheit des Lebens vorenthalten bleibt.
Der Mensch macht selber ein Gefängnis aus sich. Zwar

verspürt er die Beklemmung und die Frustration seiner Gefangenschaft, aber er ist unfähig, ihre Ursache zu erkennen – den ursprünglichen Grund für seine Langeweile und seine Besorgnis. So geht sein ganzes Leben dahin. Er hätte ekstatisch unter freiem Himmel fliegen könnte und stirbt eingesperrt in einen Vogelkäfig. Wenn man die Wände des Verstandes einreißt, gewinnt man den offenen Himmel. Und dieser offene Himmel ist das Leben. Jeder Mensch kann diese Befreiung erlangen, jeder muß diese Befreiung erlangen.
Ich sage das jeden Tag, aber vielleicht erreichen meine Worte nicht alle Menschen. Ihre Mauern sind dick; aber wie dick ihre Mauern auch sein mögen, sie selbst sind im Grunde schwach und voller Schmerz. Daß sie voller Schmerz sind, ist der einzige Hoffnungsschimmer, denn was wirklich schmerzhaft ist, läßt sich nicht lange aushalten. Nur Seligkeit kann ewig dauern.

78

Die Kuppeln der Tempel schimmern im Sonnenlicht. Der Himmel ist klar. Das Gedränge der Menschen auf der Straße wird immer dichter. Ich sehe die Leute auf der Straße und verstehe nicht, warum sie mir nicht lebendig erscheinen. Doch wie kann man jemand als lebendig bezeichnen, der sich des Lebens, der Existenz nicht bewußt ist? Das Leben kommt und geht, ohne daß wir es zu bemerken scheinen. Meist werden wir uns des Lebens erst bewußt, wenn der Augenblick des Todes naht.
Ich habe eine Geschichte gelesen:

Es war einmal ein Mensch, der unheilbar vergeßlich war. Er hatte sogar vergessen, daß er lebte. Eines Morgens stand er auf und merkte, daß er tot war. Da erst fiel ihm auf, daß er einst lebendig gewesen war.

Diese Geschichte hat etwas sehr Wahres. Wenn ich mich an sie erinnere, muß ich herzlich darüber lachen, daß jemand im Tod merkt, daß er lebendig war. Aber langsam verwandelt sich mein Lachen in Traurigkeit über diese beklagenswerte Situation.
All das geht mir durch den Sinn, als einige Besucher ankommen. Ich sehe sie an, ich höre ihren Worten zu, und ich schaue ihnen in die Augen. Es ist keine Spur von Leben in ihnen. Es sind wandelnde Schatten.
Die ganze Welt ist voll solcher Schatten geworden. Die Mehrzahl der Menschen lebt in einer Geisterwelt, die sie selbst geschaffen hat. Und doch gibt es einen Funken in ihnen, und doch existiert Leben in diesen Schatten, nur sind sie sich dessen nicht bewußt. Es gibt ein wirkliches Leben in diesem Schattenleben, es gibt ein wahres Leben hinter diesem Geisterleben, das man gleich hier und gleich jetzt erlangen kann.
Wie einfach ist die Voraussetzung, es zu erlangen!
Wie gering sind die Mittel, es zu erlangen! Wie ich schon sagte: Man muß nur das Sehen nach innen richten.

79

Ein junger Mann war gekommen. »Ich bin Atheist geworden«, meinte er.

Ich sehe ihn an. Ich kenne ihn und seinen brennenden Durst, die Wahrheit des Lebens zu erkennen, von früher her. Er möchte die Wahrheit erfahren, koste es, was es wolle. Er hat einen scharfen Geist und läßt sich nicht mit oberflächlichen Glaubenssätzen abspeisen. Konditionierungen, Traditionen und Konventionen haben ihm nichts mehr zu bieten. Er steckt voller Zweifel und Argwohn. Alle geistigen Stützen und Überzeugungen sind zerbrochen, und all das hat ihn in eine tiefe Negativität gestürzt.

Ich bin still. Er sagt noch einmal: »Mein Glaube an Gott ist zerstört. Es gibt keinen Gott. Ich bin irreligiös geworden.«

»Bitte, sage so etwas nicht«, erwidere ich. »Ein Atheist zu werden heißt nicht, daß man irreligiös wird. Um zum wahren Theismus zu gelangen, muß man eine Phase der Negation durchlaufen. Das ist der Anfang von wirklicher Religiosität, nicht von Irreligiosität. Ein durch Konditionierungen, Erziehung und Überlegungen ererbter Theismus ist überhaupt kein Theismus, und wer sich damit zufriedengibt, lebt in einem Wahn befangen. Wäre er unter den Anhängern irgendeiner entgegengesetzten Doktrin aufgewachsen, so wäre sein Verstand in diese andere Richtung konditioniert worden, und er wäre damit genauso zufrieden gewesen.

Die Konditionierungen des Verstandes sind ein Phänomen an der Peripherie, eine abgestorbene Schicht an der Oberfläche, etwas Geborgtes, schal Gewordenes. Wer wirklich durstig nach spirituellem Leben ist, kann seinen Durst nicht mit diesem imaginären Wasser stillen. So gesehen ist so ein Mensch gesegnet, denn die Suche nach dem wirklichen Wasser beginnt mit einem ungestillten

Durst. Danke Gott, daß du dich nicht mit einem Konzept von Gott zufriedengibst, denn diese Meinungsverschiedenheit kann dich zur Wahrheit des Göttlichen führen.«
Nun sehe ich, wie das Gesicht des Jungen aufleuchtet. Ein Friede, eine Gewißheit liegt in seinen Augen. Während er sich von mir verabschiedet, sage ich zu ihm: »Vergiß also nicht, daß der Atheismus der Anfang eines religiösen Lebens ist. Er ist nicht dessen Ende, sondern sein Hintergrund. Aber man darf dort nicht stehenbleiben. Er ist eine dunkle Nacht, in der man nicht versinken darf. Durch sie dämmert später der Morgen.«

80

Gestern nacht waren wir in einem Mangohain fern von der Stadt. Ein paar Wolken standen am Himmel, mit denen der Mond Verstecken spielte.
In diesem Spiel von Licht und Schatten saßen wir lange Zeit still beieinander.
Wie schwer manchmal das Sprechen fällt! Wenn die Atmosphäre so voller Melodie, so voller Musik ist, zögert man mit Worten, um den Zauber ja nicht zu zerstören. So war es auch letzte Nacht. Wir kehrten sehr spät zurück. Unterwegs bemerkte jemand: »Das ist das erste Mal in meinem Leben, daß ich Stille erfahren habe. Ich habe schon gehört, daß Stille etwas Beseligendes sei, aber erst heute habe ich es wirklich erfahren. Heute ist es wie von selbst passiert. Aber wie kann es von neuem geschehen?«
Ich sagte: »Was so mühelos geschehen ist, geschieht

ausschließlich mühelos. Es geschieht nicht durch Anstrengung.«

Anstrengung ist Rastlosigkeit. Anstrengung bedeutet, daß man sich etwas anderes wünscht als das, was ist. Es ist ein Spannungszustand, und aus Spannung entsteht nur wieder neue Spannung. Alles, was der Rastlosigkeit entspringt, führt nur zu neuer Rastlosigkeit. Rastlosigkeit verkehrt sich nicht in Frieden.

Friede ist ein anderer Bewußtseinszustand. Wenn keine Unrast da ist, ist Friede.

Mache gar nichts, unternimm keinerlei Anstrengung, gib alles Tun auf und bleibe nur ein Beobachter. Dann merkst du, wie sich allmählich ein neues Bewußtsein, ein neues Licht einstellt.

Und was man in dieser neuen Welt findet, ist das, was wirklich ist.

Die Offenbarung dessen, was ist, ist Seligkeit, ist Befreiung.

Diese kosmische Großartigkeit stellt sich nicht durch unsere winzigen Anstrengungen ein, nicht durch unser Ich; sie erscheint vielmehr, wenn keine Anstrengungen gemacht werden, wenn ich nicht bin.

Alles, was man in dieser Welt erreicht, wird durch Tun, durch Handeln erreicht, mit Hilfe von Anstrengung, deren Zentrum das Ich ist. Deshalb wird das Ich mit jedem Erfolg stärker. Was uns bei einem Erfolg glücklich macht, ist in Wirklichkeit die Stärkung und Expansion des Ichs. Aber dieses Ich ist niemals ganz erfüllt, es ist von Natur aus unersättlich. Deshalb ist jenes Glück nur scheinbar, denn man erreicht es nie wirklich. Und so sagen die Weisen, daß es auf der Welt nur Leid gibt.

Dasselbe, was wir in der Welt tun, tun wir auch für die

Befreiung. Wir strengen uns an, Befreiung zu erlangen, und genau darin liegt der Fehler. Man kann sie nicht erlangen, man muß sich vielmehr selbst verlieren, und wenn man sich verliert, ist sie gewonnen.

81

Ich sage nur ein paar wenige Dinge; sie lassen sich an den Fingern abzählen.

Erstens: Der Verstand muß begriffen werden – der Verstand, der so nahe und doch so unbekannt ist.

Zweitens: Der Verstand muß transformiert werden – der Verstand, der so störrisch und doch so begierig ist, transformiert zu werden.

Drittens: Der Verstand muß befreit werden – der Verstand, der derart versklavt ist, der aber hier und jetzt befreit werden kann.

Dies sind nur dem Namen nach drei Dinge. Tatsächlich bleibt nur eins zu tun, nämlich den Verstand zu begreifen. Sobald das erreicht ist, erfolgen die anderen beiden von selbst. Einsicht ist die einzige Transformation. Einsicht ist die einzige Befreiung.

Als ich das gestern sagte, fragte jemand: »Wie kommt man zu dieser Einsicht?«

Zu dieser Einsicht kommt man, indem man aufwacht. Die Aktivitäten unseres Körpers und unseres Verstandes vollziehen sich unbewußt. Man muß sich jeder einzelnen Aktivität bewußt werden. Ob man geht oder sitzt oder liegt, erfordert die richtige Aufmerksamkeit. Ich möchte sitzen – diesen Wunsch, dieses Gefühl muß man ebenfalls

wahrnehmen. Ob man Wut empfindet oder nicht – auch diesen Zustand muß man beobachten. Ob einem Gedanken durch den Kopf gehen oder nicht – auch das muß beobachtet werden.
Dieses Aufwachen erreicht man nicht, indem man etwas unterdrückt oder bekämpft. Man darf nicht urteilen, nicht zwischen Gut und Böse wählen, sondern soll nur aufmerksam werden, einfach nur aufmerksam. Und sobald man aufwacht, offenbart sich das Geheimnis des Verstandes, begreift man den Verstand. Allein schon durch das Erkennen erfolgt die Transformation. Vollständiges Erkennen bringt Befreiung.
Deshalb sage ich, daß es ein leichtes ist, sich von der Krankheit des Verstands zu befreien, denn die Diagnose ist bereits das Heilmittel.

82

Ein Jahr ist vergangen. Während der letzten Regenzeit hatte ich Gultevari-Samen gesät. Als die Regenzeit vorbei war, waren auch die Blumen verschwunden, und ich entfernte die vertrockneten Pflanzen. Als dieses Jahr der Regen einsetzt, entdecke ich viele Gultevari, die von selbst gekeimt sind. An vielen Stellen sprießen sie aus dem Boden. Die Samenkörner, die noch vom Vorjahr in der Erde lagen, haben ein Jahr gewartet und erwachen jetzt glücklich zum Leben. Im Dunkeln haben sie den Winter und Sommer hindurch unter der Erde gewartet. Und jetzt geschieht es, daß sie wieder das Licht sehen können. Ich spüre eine überschwengliche und festliche Musik, die

diese neugeborenen Pflanzen ausstrahlen.
Vor Jahrhunderten sang eine Stimme, süß wie Nektar: »Tamaso ma jyotirgamaya« – führe mich von der Dunkelheit zum Licht. Wer spürt nicht das Bedürfnis, von der Dunkelheit zum Licht zu wandeln?
Liegen solche Samenkörner nicht in jedem Menschen, in jedem lebendigen Wesen verborgen und streben ans Licht? Ist da nicht auch seit vielen Lebzeiten ein Warten und ein Beten, daß sich diese Gelegenheit einstellt?
Samenkörner liegen in jedem Menschen, in jedem Lebewesen verborgen. Und nur sie bewirken diesen Durst, vollständig zu werden. Diese Flammen liegen in jedem Menschen verborgen, Flammen, die der Sonne entgegenstreben. Niemand wird erfüllt, solange er diese Samen nicht in Pflanzen verwandelt hat. Es gibt keinen andern Weg, als ganz zu werden. Man muß ganz werden, denn jeder Samen ist im Innersten vollständig.

83

Ein neuer Morgen.
Eine neue Sonne.
Ein neuer Sonnenschein.
Neue Blumen.
Ich bin gerade aufgewacht. Alles ist neu und frisch. In der Existenz ist nichts alt und abgestanden.
Vor vielen hundert Jahren sagte Heraklit in Griechenland: »Man kann nicht zweimal in den gleichen Fluß steigen.«
Alles ist neu, nur der Mensch ist veraltet. Der Mensch lebt einfach nicht im Neuen, deshalb ist er veraltet. Der

Mensch lebt in der Erinnerung, in der Vergangenheit, im Toten. Aber das ist kein Leben, das ist nur ein Vor-sich-Hinleben, etwas Halbtotes. Dieses Halbtote halten wir für das Leben, und eines Tages sterben wir.
Das Leben ist weder in der Vergangenheit noch in der Zukunft.
Das Leben ist immer in der Gegenwart.
Dieses Leben erlangt man durch Meditation, denn Meditation erweckt uns zu immerwährender Frische, sie läßt uns zum ewigen Jetzt erwachen. Meditation erweckt uns zur ewigen Gegenwart.
Man muß zu dem erwachen, was ist. Was war, ist nicht mehr, was sein wird, ist noch nicht. Und was ist, offenbart sich nur, wenn der Verstand des Menschen sich von der Bürde der Erinnerungen und Phantasien befreit hat.
Das Gedächtnis ist eine Ansammlung toter Vergangenheit, sie gewährt uns kein Leben. Das Vorstellungsvermögen ist ebenfalls nur ein Abkömmling der Erinnerung, es ist bloß ihr Echo und ihre Projektion. Das alles erlaubt höchstens ein Herumstreifen im Wohlbekannten, doch die Türen des Unbekannten öffnen sich dadurch nicht.
Laß das Bekannte los, damit sich das Unbekannte manifestieren kann. Laß das Tote los, damit sich das Lebendige manifestieren kann.
Das allein ist die Essenz von Meditation.

84

Die Nacht wird tiefer. Nur ein paar Sterne stehen am Himmel, und der fast volle Mond hängt im Westen. Der

Jasmin steht in Blüte, die Luft ist voll von seinem Duft. Ich habe gerade eine Dame verabschiedet. Ich kenne sie nicht. Irgendein Leiden hat von ihrem Verstand Besitz ergriffen und umgibt sie mit einer Aura von Dunkelheit. Ich spürte diese Aura des Leidens, als sie hereinkam. Ohne Zeit zu vergeuden, fragte sie mich sogleich: »Kann man Leiden zerstören?« Ich schaute sie an. Sie sah wie eine lebende Statue des Leidens aus.
Nach und nach werden alle Leute zu solchen Statuen. Sie wollen alle das Leiden zerstören, doch es gelingt ihnen nicht, weil ihre Diagnose von Leiden nicht stimmt. Leiden existiert in einem bestimmten Bewußtseinszustand, es ist das charakteristische Merkmal dieses Zustandes. Darin gibt es keine Freiheit vom Leiden, denn dieser Zustand an sich ist Leiden. Sobald man da eine Sorge los ist, tritt eine neue an ihren Platz. Diese Kette nimmt kein Ende. Man hat sich vielleicht von dieser oder jener Sorge befreit, doch die Freiheit vom Leiden hat man dadurch nicht erreicht. Das Leiden bleibt, nur die Ursachen ändern sich.
Die Beseitigung des Leidens, die Freiheit vom Leiden erfolgt durch eine Veränderung des Bewußtseinszustands, nicht indem man sich von einzelnen Sorgen befreit.

Ein junger Mann kam einmal in einer dunklen Nacht zu Gautama Buddha. Er war traurig, bekümmert und verzweifelt und sagte: »Welch ein Leid ist die Welt! Welch eine Qual!« Gautama Buddha antwortete: »Komm hierher, wo ich bin; hier gibt es kein Leiden, hier gibt es keine Qual.«

Es gibt einen Bewußtseinszustand, in dem kein Leiden

existiert. Gautama Buddha wollte auf dieses Bewußtsein hinweisen, als er den Ausdruck »wo ich bin« brauchte.
Es gibt zwei Zustände des menschlichen Bewußtseins: den der Unwissenheit und den des Wissens – den der Identifikation mit dem anderen und den der Selbstverwirklichung. Solange ich mich mit dem anderen identifiziere, gibt es Leiden. Dieses Gebundensein an den andern ist Leiden. Vom anderen frei zu werden, das Selbst zu verwirklichen, im Selbst zu sein ist die Aufhebung des Leidens. Ich bin noch nicht ich – daher das Leiden. Wenn ich wirklich ich werde, hört das Leiden auf.

85

Heute nacht ist der Himmel nicht mit Sternen besät. Er ist von dunklem Gewölk überzogen, hin und wieder nieselt es. Die Königin der Nacht hat ihre Blüten geöffnet und die Winde mit ihrem Duft erfüllt.
Ich bin fast so, als wäre ich nicht.
Und in diesem Nichtsein ist das Sein geworden.
Es gibt eine Welt, wo Tod Leben ist, wo Sich-Verlieren ein Finden ist. Einst glaubte ich, daß sich der Tropfen im Ozean auflösen muß; jetzt sehe ich, daß der Ozean in den Tropfen gefallen ist.
Sein ist die Knechtschaft des Menschen; leer zu sein ist seine Befreiung. Diese Spannung seines Seins läßt ihn unnötig umherschweifen, und die Furcht, leer zu werden, hindert ihn daran, zum Ganzen zu werden. Solange man nicht bereit ist, nichts zu werden, bleibt man nichts.
Solange man nicht den Mut hat, in den Tod zu gehen,

muß man wie tot herumirren. Aber wer bereit ist, den Tod zu empfangen, entdeckt, daß es keinen Tod gibt; und wer bereit ist, ausgelöscht zu werden, entdeckt, daß es etwas in ihm gibt, das nicht ausgelöscht werden kann.
Dieses Paradox ist das Gesetz des Lebens. Dieses Gesetz zu kennen ist Yoga. Und es genau zu begreifen bedeutet, ihm nicht mehr unterworfen zu sein. Nur weil wir dieses Gesetz nicht kennen, irren wir umher. Sobald wir es kennen, hört das Herumirren auf, und wir haben das Ende unserer Reise erreicht, nicht nur eine Bleibe für eine Nacht.

86

In einer Vollmondnacht gingen ein paar Leute aus einer Kneipe zum Fluß, um Boot zu fahren. Sie ruderten ununterbrochen von Mitternacht bis zum Morgengrauen. Als der kalte Morgenwind blies und die Sonne aufging, wurden sie langsam nüchtern. Sie meinten, jetzt sei es Zeit zur Rückkehr, und stiegen ans Ufer, um zu schauen, wie weit sie gekommen waren. Aber zu ihrer grenzenlosen Verwunderung entdeckten sie, daß das Boot noch genau an der gleichen Stelle stand, wo sie es gestern nacht gefunden hatten. Sie hatten völlig vergessen, daß es nicht genügt, nur zu rudern – man muß das Boot auch losbinden!

Ich erzählte diese Geschichte am Abend. Ein alter Herr war zu Besuch gekommen. Er sagte: »Ich bin mein ganzes Leben lang gewandert, aber jetzt, am Ende, habe ich das

Gefühl, als sei ich nirgendwo angekommen.« Ihm mußte ich diese Geschichte erzählen.

Der Mensch ist nicht bewußt. Er kennt sich selbst nicht, darin liegt seine Unbewußtheit. Aufgrund dieser Unbewußtheit sind alle seine Handlungen mechanisch. Er bewegt sich in diesem unintelligenten Zustand wie im Schlaf und kommt nirgendwo an. So wie die Taue jenes Bootes an einem Uferpfosten angebunden blieben, so ähnlich bleibt auch der Mensch in diesem Zustand irgendwo festgebunden.

Die Religion hat diese Fesseln Begehren genannt. Ein Mensch, der an seine Wünsche gebunden ist, bleibt in der Illusion befangen, daß er dem Glück näher und näher kommt; doch eines Tages erweist sich dieses ganze Herumrennen als Trugbild. Sein Boot wird das Ufer der Unerfülltheit nicht verlassen, wie heftig er auch rudert. Er geht leer und unerfüllt aus dem Leben.

Das Verlangen ist von Natur aus unstillbar. Das Leben, in dem man das andere Ufer hätte erreichen können, in dem man die Reise hätte vollenden können, geht zu Ende und ist vergeudet. Man entdeckt, daß sich das Boot überhaupt nicht von der Stelle bewegt hat.

Jeder Seemann weiß, daß man das Boot vom Ufer losbinden muß, ehe es ins Meer stechen kann. Und auch jeder Mensch, der sein Lebensschiff in den Ozean der Seligkeit, der Erfüllung und des Lichts steuert, muß wissen, daß er die Ketten des Begehrens vom Ufer losmachen muß. Danach ist es vielleicht nicht einmal mehr nötig zu rudern.

Ramakrishna hat gesagt: »Hole den Anker ein, setze die Segel; die Winde des Göttlichen warten nur darauf, dich davonzutragen.«

87

Ein Freund hat mir ein paar Papierblumen geschenkt. Ich schaue diese Blumen an – in ihnen ist nichts als das, was man von bloßem Auge sehen kann. Alles an ihnen ist sichtbar, da ist nichts vom Unsichtbaren. Draußen in den Blumenbeeten stehen die Rosen in Blüte. Sie besitzen etwas vom Unsichtbaren, etwas, das über das Sichtbare hinausgeht, und diese unsichtbare Dimension ist ihr eigentlicher Atem.

Die moderne Zivilisation gleicht den Papierblumen. Sie endet beim Sichtbaren, bei dem, was man sehen kann. Deshalb ist sie leblos. Sie hat ihre Verbindung mit dem Unbekannten, dem Unsichtbaren verloren. Und deshalb ist der Mensch so abgeschnitten, so entwurzelt wie nie zuvor.

Der Baum, seine Blätter, seine Blüten und Früchte sind alle sichtbar, doch die Wurzeln sind unter der Erde. Die Wurzeln sind im Unbekannten und Unsichtbaren. Die sichtbaren Teile der Wurzeln sind nicht alles – es gibt noch andere Wurzeln, die unsichtbar sind. Das Zentrum, wo unser Leben mit dem universalen Lebensquell verbunden ist, ist nicht nur unbekannt, sondern auch unerkennbar.

Ein Mensch, der mit dem Unerkennbaren verbunden ist, stößt zu den wahren Wurzeln vor.

Zum Unerkennbaren gelangt man nicht mit Hilfe des Denkens. Die Grenzen des Denkens enden beim Erkennbaren und Sichtbaren. Das Denken selbst ist erkennbar und sichtbar. Und das Sichtbare kann nicht zum Medium für die Erfahrung des Unsichtbaren werden. Das Sein ist jenseits von Gedanken, die Existenz

transzendiert die Gedanken. Deshalb erkennt man die Existenz nicht – man wird die Existenz. Man darf ihr nicht wie ein Zuschauer begegnen, der von ihr getrennt ist, man muß vielmehr mit ihr eins werden.
Die Gedanken loslassen, ruhig und leer werden – so stellt sich jene Nichtdualität ein, die uns in die Wahrheit, ins Sein versetzt. Wenn man Papierblumen anschaut, kann man dabei Distanz wahren, kann man ein Zuschauer bleiben. Wenn man aber wirkliche Blumen sehen will, muß man zur Blume werden.

88

Eine Parabel:

Ein junger Mann fragte einen Eremiten: »Welche Methode führt zur Befreiung?« Der Eremit antwortete: »Wer hält dich denn gefangen?« Der junge Mann stutzte einen Augenblick und sagte dann: »Niemand hält mich gefangen.«
Da fragte der Eremit: »Warum suchst du dann Befreiung?«

»Warum suchst du Befreiung?« – diese Frage habe ich gestern jemandem gestellt. »Was hält dich gefangen?« – dieser Frage muß sich jeder stellen.
Wache auf zu dem, was ist! Hör auf damit, das, was ist, ändern zu wollen, renne keinen Idealen hinterher. Du bist das, was in der Gegenwart ist, nicht das, was in der Zukunft liegt. Und in der Gegenwart gibt es keine Gefangenschaft. In dem Moment, wo wir in die

Gegenwart aufwachen, finden wir nichts, was uns gefangenhält.
Wünsche sind es, die uns gefangenhalten – unser Wunsch, etwas zu werden, etwas zu erreichen. Ein Wunsch ist immer in der Zukunft, immer im Morgen. Und das ist die Gefangenschaft, das ist die Spannung, das ist der Wettlauf, das ist die Welt. Das Wunschdenken ruft selbst die Vorstellung von Befreiung hervor. Doch wenn am Ursprung Gefangenschaft ist, wie kann das Ergebnis Befreiung sein?
Befreiung muß in Freiheit anfangen. Befreiung ist nicht erst das Ergebnis, sondern auch der Anfang.
Man muß Befreiung nicht erlangen, sondern man muß erkennen, daß man bereits in einem Zustand der Befreiung ist. In einem ruhigen, wachen Bewußtseinszustand kommt die Erkenntnis, befreit zu sein, ohne jede Anstrengung. Jeder Mensch ist bereits frei – man muß sich dieser Realität nur bewußt werden.
In dem Augenblick, da ich aufhöre, irgendwohin zu gehen, da der Wettlauf nach irgendeinem Ziel zu Ende ist, werde ich vollständig. Und dieses Werden in seiner vollen Bedeutung ist Freiheit.
Die sogenannten religiösen Leute erreichen dieses Werden nie, denn sie rennen dauernd der Befreiung hinterher, der Seele hinterher, Gott hinterher. Und wer in diesen Wettlauf verstrickt ist, egal in welcher Form, ist nicht bei sich selbst. Religiös sein ist keine Sache des Glaubens, des Bemühens oder des Tuns. Religiös sein bedeutet in sich selbst sein. Und diese Befreiung kann augenblicklich geschehen.
Sobald man sich der Wahrheit bewußt wird, daß die Gefangenschaft im Wünschen, im Wettlauf, in Idealen

besteht, verschwindet die Dunkelheit, und wir sehen keine Gefangenschaft mehr um uns.
In einem einzigen Augenblick bewirkt die Wahrheit eine Revolution.

89

Es ist ein Wintermorgen. Gerade ist die Sonne aufgegangen. In der Nacht blies ein kalter Wind. Das Gras war in der Frühe mit Tau bedeckt. Jetzt ist er verdunstet, und die Sonnenstrahlen sind wärmer geworden.
Ein schöner Morgen kündigt den Tag an. Wie bedeutungsvoll erscheinen selbst die bedeutungslosen Lieder der Vögel! Aber womöglich hat das Leben gar keine Bedeutung, und der Mensch hat die Vorstellung einer Bedeutung selbst erfunden. Es gibt keine Bedeutung – vielleicht hat das Leben deshalb diese unendliche Tiefe und Weite. Bedeutung ist eine Begrenzung.
Das Leben, das Dasein ist grenzenlos; deshalb kann es keine bestimmte Bedeutung haben. Wer selbst grenzenlos wird, indem er mit dem Bedeutungslosen verschmilzt, wer in dieser riesigen Bedeutungslosigkeit selbst bedeutungslos wird, gelangt zu dem, was ist, gelangt zur Existenz.
Alle Bedeutung ist und bleibt kleinlich. Alle Bedeutung stammt vom Ego. Das Ego ist das Zentrum all dieser Bedeutungen. Die Welt, wie sie durch das Ego gesehen wird, ist nicht die wirkliche Welt. Alles, was sich auf das Ich bezieht, ist unwirklich.
Die Wahrheit ist ein unteilbares Ganzes, sie ist nicht in Ich und Nicht-Ich unterteilt. Alle Bedeutung stammt vom Ich,

deshalb ist das Unteilbare, das, was jenseits von Ich und Nicht-Ich ist, ohne Bedeutung – weder hat es eine Bedeutung noch ist es bedeutungslos. Es ist falsch, ihm irgendeinen Namen zu geben, es ist sogar falsch, es Gott zu nennen. Auch Gott bezieht sich auf das Ich, auch Gott ist ein Konzept des Ichs.
Man kann sagen, daß alles Bedeutungsvolle in Wirklichkeit bedeutungslos ist. Über die Grenze des Bedeutungsvollen hinauszugehen heißt spirituell zu werden.

Jemand fragte Bodhidharma: »Bitte sage uns etwas über das heilige Nirvana.« Bodhidharma antwortete: »Es ist nichts Heiliges an ihm, es ist einfach nur Leere, nichts als Leere.«

90

Ein Hahn kräht – ich höre zu.
Ein Karren fährt vorbei – ich beobachte.
Hören ist da, Sehen ist da, aber kein Wort dazwischen.
Worte trennen uns vom Dasein. Worte reden über die Wahrheit, aber sie selbst sind nicht die Wahrheit. Man kommt nicht durch Worte zur Wahrheit, sondern indem man die Worte fallenläßt. Wortlos zu sein ist Samadhi, Erleuchtung.
Aber nur wortlos zu sein ist noch nicht Samadhi – auch im Unbewußten und im Schlaf gibt es keine Worte.
Wortlos zu sein und dennoch wachsam, bewußt und aufmerksam zu bleiben, das ist Samadhi.

Ich erkläre das einem Mönch. Er ist überzeugt, daß die völlige Absorption und die Unbewußtheit der Sinne Samadhi bedeutet. Viele Menschen sind in diesem Irrtum befangen, es ist ein sehr gefährlicher Irrtum. Er ist schuld daran, daß Andacht, Hingabe und viele andere Methoden, die uns unbewußt machen, so sehr verbreitet sind. Alle diese Methoden sind nichts als eine Flucht, sie haben denselben Nutzen wie ein Rauschmittel. Mit ihnen vergißt man sich, und durch dieses Vergessen, dieses Sich-selbst-Vergessen wird die Illusion von Seligkeit erzeugt. Meditation erfordert jedoch vollständige Selbsterinnerung, nicht Selbstvergessenheit.

Wenn man vollständig erwacht ist, dann ist man. Ich bin vollständig in mir selbst. Dieses Erwachen erfolgt, wenn man frei von Worten, von Gedanken und vom Verstand wird. In diesem wortlosen Bewußtsein verschwindet das Ich. Doch ich verschwinde nicht. Wenn das Ich verschwindet, wenn dieses Gefühl von Ego sich auflöst, werde ich vielmehr ganz ich selbst.

91

Die dunkle Neumondnacht senkt sich herab. Die Vögel sind zu ihren Nestern zurückgekehrt. In der zunehmenden Dunkelheit ertönt lautes Gezwitscher von den Bäumen, bevor sie sich zur Ruhe begeben. In der Stadt gehen die Lichter an. Bald wird der Himmel voller Sterne stehen und die Erde von Lichtern glitzern.

Zwei kleine dunkle Wolkenflecken treiben am Osthimmel. Niemand begleitet mich, ich bin allein. Kein Gedanke regt

sich, ich sitze einfach da. Welch eine Seligkeit, einfach nur dazusitzen! Der Himmel und die Galaxis der Sterne scheinen in mir versunken zu sein.
Wenn keine Gedanken da sind, vereinigt sich die individuelle Existenz mit der universalen Existenz. Nur ein dünner Vorhang trennt uns, ansonsten ist jeder selbst die Existenz.
Vor unseren Augen liegt ein dünnen Schleier, der das Dasein verbirgt. Dieser dünne Schleier ist die Welt geworden. Sobald diese Schicht entfernt ist, öffnen sich die Tore zum Reich der unendlichen Seligkeit.
Jesus hat gesagt: »Klopft an, und die Türen werden euch aufgetan.« Ich sage: »Schaut hin – die Türen sind schon offen.«

Ein Mann rannte einmal in die Richtung der untergehenden Sonne. Er fragte einen anderen Mann: »Wo ist Osten?« Dieser antwortete: »Drehe dich einfach um, dann hast du Osten genau vor deinen Augen.«

Es ist alles gegenwärtig – man muß nur in die richtige Richtung schauen.
Diese Wahrheit muß der ganzen Welt verkündet werden. Und es ist schon viel erreicht, wenn man nur richtig hinhört. Durch das Vertrauen in die eigene Göttlichkeit ist man schon zur Hälfte angekommen.
Gerade heute sagte ich zu einem Freund, der mich besuchte: »Du trägst den Schatz bereits in dir, du hast ihn nur vergessen. Erwecke dein Erinnerungsvermögen, erwirb deine Göttlichkeit zurück, erkenne, wer du bist. Stelle dir diese Frage, stelle sie mit solchem Nachdruck, daß nur noch diese Suche übrigbleibt, daß dein ganzes Denken

und Sein davon widerhallt. Dann trifft ihr Pfeil direkt ins Unbewußte, und ganz von selbst taucht eine geheimnisvolle Antwort vor dir auf. Wenn du sie weißt, weißt du alles.«

92

Noch ist die Nacht nicht dem Morgen gewichen, noch ist der Himmel mit langsam verblassenden Sternen übersät. Der Fluß gleicht einem dünnen Silberstreifen. Der Sand ist kühl vom Tau und der Wind bitterkalt. Über allem liegt tiefe Stille. Ein paar Vogelstimmen hier und dort lassen sie noch tiefer werden.

Ich bin in aller Frühe mit einem Freund hierher zu diesem einsamen Ort gekommen. Er sagt, er habe Angst in der Einsamkeit, die Stille überwältige ihn. Wenn er sich beschäftigt halte, sei alles in Ordnung; ansonsten überkomme ihn ein seltsames Gefühl von Angst und Traurigkeit.

Diese Angst sucht jeden heim. Niemand will mit sich selbst konfrontiert sein. Wenn man in sich hineinschaut, wird man verwirrt. Und weil die Einsamkeit einen mit sich selbst allein läßt, macht sie angst. Solange man sich mit dem anderen beschäftigt, geht das Selbst vergessen; es ist so etwas wie Unbewußtheit und Flucht. Mit dieser Flucht hält sich der Mensch sein ganzes Leben lang in Trab.

Aber diese Flucht ist nur zeitweilig. Der Mensch kann vor seinem eigenen Selbst nicht davonlaufen. Alle seine Bemühungen erweisen sich als zwecklos, weil er selbst es ist, vor dem er weglaufen möchte. Wie kann man vor sich

selbst fliehen, wie kann man vor sich wegrennen? Wir können vor allem wegrennen außer vor unserem eigenen Selbst. Wenn wir unser ganzes Leben lang gerannt sind, merken wir, daß wir nirgendwo angekommen sind. Intelligente Menschen laufen daher nicht vor sich selbst davon, sondern schauen sich selbst an.
Wenn der Mensch nach innen schaut, begegnet er einer Leere; er findet ein unendliches Nichts in sich. Das verwirrt ihn, und er rennt nach draußen. Er unternimmt endlose Anstrengungen, um diese Leere zu füllen. Er versucht sie in der Welt zu füllen, mit Beziehungen. Aber diese Leere läßt sich mit nichts füllen. Es ist unmöglich, sie zu füllen, und das ist des Menschen Angst und sein Gefühl, im Leben versagt zu haben. Der Tod zeigt diese Angst sehr deutlich. Der Tod wirft den Menschen genau in diese Leere hinein, vor der er sein ganzes Leben davongelaufen ist. Und deshalb steht die Angst vor dem Tod obenan.
Ich sage, es ist Unwissenheit, vor der inneren Leere davonzulaufen. Nur indem man sich ihr stellt und in sie hineingeht, gelangt man zum Leben. Indem wir dieses Nichts erfahren, verwirklichen wir unsere Natur.
Religion ist eine Tür zum Nichts. Was der Mensch in tiefstem Alleinsein in sich selbst erfährt, ist Religiosität.

93

»Was ist das Ideal des Lebens?« fragte mich ein junger Mann.
Die Nacht ist dunkler geworden, der Himmel steht voller

Sterne. Ein kalter Wind bläst; jemand meinte, in der Gegend habe ein Hagelsturm gewütet. Der Weg ist verlassen, und unter den Bäumen liegt dichte Finsternis. Wie beseligend ist es in dieser stillen, einsamen Nacht! Einfach nur zu sein ist eine solche Seligkeit! Aber wir haben vergessen zu sein.

Wie beseligend ist dieses Leben! Aber wir wollen nicht einfach nur leben, wir wollen für ein Ideal leben. Wir wollen dieses Leben, das selbst das Ziel ist, in ein Mittel verwandeln. Dieser Wettlauf nach Idealen vergiftet alles. Diese Spannung wegen Idealen zerstört alle Musik im Leben.

Akbar fragte Tansen: »Wie kommt es, daß du nicht so gut singen kannst wie dein Meister? In seinem Gesang ist etwas Göttliches, etwas Jenseitiges.«

Tansen antwortete: »Mein Meister singt nur um des Singens willen, mein Gesang dagegen dient einem Zweck.«

Versucht zuweilen, einfach nur zu leben. Nur zu leben, nicht mit dem Leben zu kämpfen, nicht das Leben zu zwingen. Beobachtet still, was geschieht. Was geschieht, laßt geschehen. Erlaubt dem, was ist, zu sein. Laßt alle Spannungen los, laßt das Leben fließen, laßt das Leben geschehen. Und ich versichere euch: Was dann geschieht, ist befreiend.

Die Illusion von Idealen ist einer der blinden Glaubenssätze, die der Mensch durch die Jahrhunderte hindurch gehegt hat. Das Leben ist einfach zum Leben da – nicht für jemand anderen, nicht für etwas anderes. Wer für irgendeinen Zweck lebt, lebt nicht wirklich. Wer einfach nur lebt, der lebt wirklich; und nur er erreicht das,

was wirklich erstrebenswert ist. Nur er verwirklicht das Ideal.
Ich sehe den jungen Mann an. Ein erstaunlicher Friede liegt über seinem Gesicht. Er spricht kein Wort, und doch sagt er alles. Nachdem er eine Stunde lang friedlich und ruhig dagesessen hat, geht er verwandelt zurück. Beim Abschied meint er: »Ich gehe als ein anderer Mensch von hier weg.«

94

Es ist Morgen. Die Sonne verbirgt sich hinter den Wolken, und es nieselt. Der Regen hat alles rundherum in Feuchtigkeit gehüllt. Ein völlig durchnäßter Eremit hat mich aufgesucht. Vor fünfzehn oder zwanzig Jahren hat er sein Zuhause aufgegeben, um zur Selbstverwirklichung zu finden. Er hat entsagt, aber die Selbstverwirklichung ist ausgeblieben. Das macht ihn betrübt.
Die Gesellschaft und unsere Beziehungen werden als Hindernisse auf dem Weg der Selbstverwirklichung angesehen. Ein solcher Glaube hat viele Menschen unnötigerweise vom Leben abgeschnitten.
Ich erzähle ihm eine Geschichte:

Eine Verrückte war fest davon überzeugt, daß sie keinen menschlichen, sondern einen göttlichen Körper besaß. Sie sagte immer, daß es auf der ganzen Welt keinen schöneren Körper gebe. Eines Tage stellte man sie vor einen großen Spiegel. Als sie sich im Spiegel sah, wurde sie so wütend, daß sie einen Stuhl in den Spiegel warf, so daß dieser in tausend Stücke zerbrach, worauf sie einen Seufzer der Erleichterung ausstieß. Als man sie fragte, weshalb sie den Spiegel zerbrochen habe, sagte sie: »Der Spiegel läßt meinen Körper menschlich aussehen. Er verunstaltet meine Schönheit.«

Die Gesellschaft und unsere Beziehungen sind nichts als Spiegel, sie reflektieren nur, was in uns ist. Beziehungen zu entsagen ist genauso sinnlos, wie einen Spiegel zu zerbrechen. Es ist das Selbst, nicht der Spiegel, das transformiert werden muß. Und diese Transformation kann genau da stattfinden, wo man gerade ist. Diese Revolution fängt im Zentrum an. An der Peripherie zu arbeiten bedeutet, unnötig Zeit zu verschwenden.
Man muß direkt am Selbst arbeiten.
Gesellschaft und Beziehungen stellen keinerlei Hindernis dar. Die Hindernisse, so es welche gibt, sind in uns selbst.

95

»Gibt es einen Gott?« Wir wissen es nicht.
»Gibt es eine Seele?« Wir wissen es nicht.
»Gibt es ein Leben nach dem Tod?« Wir wissen es nicht.
»Gibt es einen Sinn im Leben?« Wir wissen es nicht.
»Wir wissen es nicht« ist die ganze Philosophie des heutigen Lebens. In diesen Worten ist unser ganzes Wissen enthalten. Zwar nimmt der Wettlauf nach Wissen über die Materie, über das andere kein Ende, doch was unser Wissen über das Selbst, über das Bewußtsein angeht, versinken wir jeden Tag mehr und mehr in Dunkelheit.

Die Außenwelt scheint hell zu sein, aber im Innern ist es stockfinster. An der Peripherie ist Wissen, im Zentrum herrscht Unwissenheit. Und das Erstaunliche dabei ist, daß es keinerlei Anstrengung bedarf, um das Zentrum zu erhellen. Sobald unser Blick darauf fällt, ist alles von Licht erfüllt. Wir müssen nur unsere Augen nach innen wenden und sehen, wie strahlend hell alles ist.
Wenn unser Auge nicht auf das andere gerichtet ist, öffnet es sich für das Selbst. Wenn es draußen keinen Anhaltspunkt findet, findet es ihn im Innern.
Das in sich selbst ruhende Bewußtsein ist Samadhi, Erleuchtung.
Samadhi ist die Tür zur Wahrheit.
Hier findest du nicht die Antwort, vielmehr verschwinden alle Fragen. Und das Verschwinden aller Fragen ist die wirkliche Antwort. Wo es keine Fragen gibt, sondern nur Bewußtsein, reines Bewußtsein, da liegt die Antwort, da liegt das Wissen.
Ohne dieses Wissen zu erlangen, vergeuden wir unser ganzes Leben.

96

Ein Wanderer übernachtete einmal in einer Herberge. Als er ankam, reisten andere Gäste gerade ab; und am nächsten Morgen, als er abreisen wollte, sah er, wie andere Gäste ihre Zimmer bezogen. Die Gäste in der Herberge kamen und gingen, doch der Gastgeber blieb. Ein Mönch sah das und fragte, ob sich das gleiche nicht auch tagtäglich im Menschen abspiele.

Dieselbe Frage stelle auch ich; und ich sage, daß es nichts Größeres im Leben gibt, als den Gast und den Gastgeber zu erkennen.
Körper und Verstand sind eine Herberge. Die Gäste sind Gedanken, Gefühle und Wünsche, die momentan zu Besuch sind. Aber noch etwas anderes als die Gäste ist da: der Gastgeber. Wer ist dieser Gastgeber? Und wie erkennt man diesen Gastgeber?
Buddha hat gesagt: »Halte an!« Und dieses Anhalten bedeutet Verstehen. Buddhas vollständige Aussage lautet: »Dieser verrückte Verstand hält nicht an. Wenn er anhalten kann, ist das Erleuchtung, ist das Nirvana.«
Sobald der Verstand anhält, offenbart sich der Gastgeber. Er ist reines, ewiges, waches Bewußtsein. Es wird niemals geboren und stirbt niemals; es ist weder gefangen, noch ist es frei. Es ist einfach. Und sein Sein ist höchste Seligkeit.

97

Leben – was wir so unter Leben verstehen –, was ist das eigentlich?
Als mir letzte Nacht jemand diese Frage stellte, erzählte ich ihm eine Geschichte:

Ein junger Mann und ein alter Mann hatten es sich in einem Warteraum in den Sesseln bequem gemacht. Der Alte hatte die Augen geschlossen, doch von Zeit zu Zeit lächelte er. Und manchmal machte er Handbewegungen und verzog dabei das Gesicht, als ob er etwas verscheuchen wollte.

Schließlich konnte der junge Mann nicht länger an sich halten. »Was gibt es denn in diesem häßlichen Warteraum zu lächeln?« fragte er.
»Ich erzähle mir Geschichten«, antwortete der Alte, »und einige davon amüsieren mich.«
»Und was versuchen Sie denn mit Ihren Handbewegungen und Grimassen zu verscheuchen?« fragte der junge Mann.
Der Alte fing an zu lachen und sagte: »Das sind die Geschichten, die ich schon zu oft gehört habe.«
»Wie merkwürdig!« rief der junge Mann. »Sie trösten sich also mit Geschichten.« Der alte Mann erwiderte: »Mein Sohn, eines Tages wirst du verstehen, daß man sein ganzes Leben lang nichts anderes tut, als sich mit Geschichten zu trösten.«

In der Tat ist das Leben, wie wir es kennen, nur eine Geschichte. Und unser Leben besteht daraus, uns mit Geschichten zu trösten. Was wir unter Leben verstehen, ist nicht Leben, sondern ein Traum. Erst beim Erwachen erkennen wir, daß unsere Hände leer sind. Was da war, war nicht wirklich da, sondern nur zum Schein. Es ist jedoch möglich, aus diesem Traumleben zum wirklichen Leben zu erwachen. Man kann aufhören zu schlafen; der Schläfer kann aufwachen. In der Möglichkeit zu schlafen liegt immer auch die Möglichkeit aufzuwachen.

98

Heute habe ich an einem Seminar teilgenommen. Ich war anwesend und doch so gut wie abwesend. Ich war kein

Teilnehmer, ich war nur Zuhörer. Was ich dort hörte, war ganz gewöhnlich, doch was ich dort sah, war recht außergewöhnlich.
Um jeden einzelnen Gedanken entbrannte eine Auseinandersetzung. Ich hörte alles, was gesagt wurde, doch dahinter kam etwas ganz anderes zum Vorschein. Ich sah, daß es bei der Auseinandersetzung um das Ich ging und nicht um die Gedanken und Themen. Jeder war nur daran interessiert, sein eigenes Ich zu beweisen.
Die eigentliche Wurzel aller Diskussionen liegt im Ich. Ganz gleich, wo ihr Zentrum äußerlich zu liegen scheint, indirekt liegt es immer im Ich.
Wurzeln sind immer indirekt, sie sind unsichtbar. Das Sichtbare ist nicht die Wurzel. Was als Blüten und Blätter sichtbar wird, ist sekundär. Wenn man beim Sichtbaren stehenbleibt, kommt man zu keiner Lösung, denn das eigentliche Problem liegt woanders. Die Lösung ist genau dort, wo auch das Problem liegt.
Diskussionen führen zu nichts. Und warum nicht? Weil wir uns nicht im geringsten bemühen, die Wurzeln zu finden.
Ebenso läßt sich beobachten, daß bei einer Diskussion eigentlich niemand zum andern spricht. Jeder spricht zu sich selbst. Es ist nur dem Anschein nach ein Gespräch im Gang. Denn wo ein Ich ist, da ist eine Wand, die es schwierig macht, den andern zu erreichen. Es ist unmöglich, einen Dialog zu führen, während man sein Ich mit sich herumträgt.
So verbringen die meisten Menschen auf der Welt ihr Leben damit, Selbstgespräche zu führen.
Ich habe über einen Vorfall in einem Irrenhaus gelesen:

Zwei Geisteskranke waren in eine Unterhaltung vertieft. Ihr Arzt sah erstaunt, daß sie tatsächlich einen Dialog führten – wenn der eine redete, war der andere still. Aber zwischen dem, was sie jeweils sagten, gab es keinen Zusammenhang, es hatte keine Relevanz. Der Arzt fragte: »Wenn ihr doch nur vor euch herplappert, warum ist dann der eine still, wenn der andere spricht?« Sie erwiderten: »Aber wir kennen doch die Konversationsregeln! Wenn einer spricht, muß der andere den Mund halten – Regel ist Regel.«

Diese Feststellung ist sehr wahr. Sie gilt nicht nur für Irre, sondern für uns alle. Wir beachten die Regeln der Konversation, aber trotzdem spricht jeder zu sich selbst. Wenn wir das Ich nicht fallenlassen, gibt es keine Kommunikationsmöglichkeit mit dem andern. Und das Ich verschwindet nur in Liebe; deshalb gibt es nur in Liebe einen Dialog. Ansonsten ist alles nur Argumentation – und Argumentation ist Schwachsinn, weil da jeder mit sich selber spricht.
Als ich von jenem Seminar wegging, sagte jemand zu mir: »Sir, Sie haben nicht gesprochen.« Ich antwortete: »Keiner hier hat gesprochen.«

99

Gerade bin ich aus einem Traum aufgewacht, und beim Aufwachen hatte ich eine Einsicht. In meinem Traum war ich sowohl Teilnehmer als auch Beobachter. Solange ich träumte, war der Beobachter vergessen, und nur der

Teilnehmer war da. Jetzt, da ich wach bin, sehe ich, daß nur der Beobachter da war; der Teilnehmer war lediglich eine Projektion.
Die Welt ist wie ein Traum. Nur der Beobachter, das Bewußtsein, ist wahr. Alles andere ist Einbildung. Was wir als das Ich kennen, existiert nicht wirklich; nur der, der das Ich kennt, ist wirklich.
Der Beobachter von alledem ist unabhängig und jenseits von allem Geschehen. Weder hat er je etwas getan, noch ist je etwas durch ihn geschehen; er ist nur.
Wenn das unwirkliche Ich, das Traum-Ich, aufhört zu existieren, dann offenbart sich das, was ist. Das zu erkennen ist Befreiung.

100

Jemand wollte von mir etwas über Religion wissen. Ich sagte zu ihm: »Religion hat nichts damit zu tun, was du glaubst oder nicht glaubst. Sie ist nur dann sinnvoll, wenn sie dein Atem wird, nicht dein Glaube. Religion ist etwas, was du entweder tust oder läßt, was du entweder bist oder nicht bist. Religion ist Handeln, nicht nur Reden.
Religion manifestiert sich erst dann in deinen Handlungen, wenn sie zu deinem Wesen geworden ist.
Unsere Handlungen gründen in unserem Wesen. Ehe man einen Duft verbreiten kann, muß man eine Blume werden. Genauso wie Blumen kultiviert werden, muß auch unsere Seele kultiviert werden.
Und damit Blumen in der Seele erblühen können, braucht man sich nicht in die Berge zurückziehen. Sie können

kultiviert werden, wo immer du bist. Du kannst da bleiben, wo du bist, und trotzdem in den Bergen sein. Es gibt auch Berge und Wälder im eigenen inneren Alleinsein.

So ist es. Wahrheit und Schönheit sieht man nur in völligem Alleinsein. Alles Große im Leben wird von jenen erlangt, die den Mut haben, allein zu sein. Nur im Alleinsein öffnen die tieferen Geheimnisse des Lebens ihre Türen, und die Seele gelangt zu Liebe und Licht. Nur in tiefster Ruhe und Stille werden die Samen aufgehen, die tief im Erdboden unseres Wesens liegen und alle unsere Glückseligkeit in sich enthalten. Wachstum geschieht von innen nach außen und nur im Alleinsein. Vergiß nicht: Wahrheit wächst von innen. Künstliche Blumen kann man von außen aufstecken, echte Blumen jedoch wachsen von innen.

Für dieses innere Wachstum muß man nicht draußen in die Berge und Wälder gehen, sondern man muß jenen Raum im Innern aufsuchen. Der Weg dorthin liegt in jedem von uns.

Gönne dir im geschäftigen Treiben des Alltags ein paar Augenblicke und vergiß Ort und Zeit um dich herum, vergiß deine sogenannte Persönlichkeit und das Ich, das daraus entstanden ist. Leere deinen Verstand von allem, was ihn ständig füllt. Erinnere dich bei allem, was dir in den Sinn kommt, stets daran, daß du das nicht bist, und wirf es hinaus. Laß alles los, wirklich alles: deinen Namen, deine Heimat, deine Familie. Laß das alles aus deinem Gedächtnis verschwinden, und sei wie ein leeres Blatt Papier.

Genau das ist der Weg zu unserem inneren Alleinsein. Auf diese Weise erblüht schließlich das innere Sannyas.

Nur wenn dein Verstand von allem Festhalten abläßt und alle Schranken von Benennung und Form durchbricht, bleibt das in dir übrig, was dein wirkliches Wesen ist.
In diesem Moment bist du allein, ganz für dich.
Was du in diesem Augenblick erfährst, ist nicht von dieser Welt. In dieser Erfahrung erblühen die Blumen der Religiosität, und das Leben wird mit dem Duft des Göttlichen erfüllt.
Was du in diesen wenigen Augenblicken an Stille, Schönheit und Wahrheit erfährst, gibt dir die Kraft, auf zwei Ebenen gleichzeitig zu leben. Dann bist du in der Welt und gehörst ihr trotzdem nicht an. Dann gibt es keine Knechtschaft, dann ist dein Leben befreit. Du bist im Wasser, doch das Wasser berührt dich nicht.
In dieser Erfahrung erfüllt sich das Leben. In dieser Erfahrung wirst du religiös.

Über Osho

Osho wurde am 11. Dezember 1931 in Kuchwada, Madhya Pradesh, Indien, geboren. Seit seiner frühesten Kindheit war er rebellisch und unabhängig und bestand darauf, die Wahrheit selber zu erfahren und nicht Wissen und Glauben von anderen anzunehmen.
Nach seiner Erleuchtung im Alter von einundzwanzig Jahren beendete er seine akademischen Studien und lehrte als Professor einige Jahre Philosophie an der Universität von Jabalpur. Währenddessen reiste er in ganz Indien herum, hielt Vorträge vor Zehntausenden von Zuhörern. Er forderte die orthodoxen religiösen Führer in öffentlichen Debatten heraus und stellte traditionelle Glaubenssysteme in Frage.
Ende der sechziger Jahre entwickelte Osho seine berühmten dynamischen Meditationstechniken. Der moderne Mensch, so sagt er, sei so beladen von überlebten Traditionen und von Ängsten des modernen Lebens, daß er sich einem tiefen Reinigungsprozeß unterziehen müsse, bevor er zu einem gedankenfreien, entspannten Zustand der Meditation gelangen könne.
Fünf Jahre später entstand um ihn herum eine Kommune in Poona. Nach und nach strömten Tausende von Besuchern aus dem Westen zu ihm.
Im Verlauf seiner Arbeit hat Osho über praktisch alle Aspekte der Entwicklung des menschlichen Bewußtseins gesprochen. Er hat die Essenz dessen herauskristallisiert, was wesentlich für die spirituelle Suche des modernen

Menschen ist und sich nicht auf intellektuelles Verständnis stützt, sondern von eigener existentieller Erfahrung genährt wird.
1981 reiste Osho nach Amerika, nach Oregon. In einem abgelegenen Tal in der Wüste wurde die Stadt Rajneeshpuram gegründet. Von Anfang an war dies der Reagan-Regierung ein Dorn im Auge. An die fünftausend Sannyasins nahmen an diesem Experiment teil. Zu den Festivals, die einmal im Jahr stattfanden, kamen bis zu zwanzigtausend Besucher.
Vier Jahre später wurde Osho gezwungen, Amerika zu verlassen, und seine abenteuerliche Odyssee durch die ganze Welt begann. Über zwanzig Länder verweigerten ihm die Einreise.
1986 traf er in Bombay ein, um kurze Zeit später wieder nach Poona überzusiedeln. Der Ashram wurde modernisiert, und bald strömten die Suchenden aus allen Kontinenten der Welt herbei.
Osho verließ seinen Körper am 19. Januar 1990 – während man ihn im Jahr 1985 wegen technischer Immigrationsvergehen inkognito in Haft hielt, wurde er durch Agenten der US-Regierung vergiftet.
Seine große Kommune in Indien ist weiterhin das größte Zentrum für spirituelles Wachstum. Tausende von Besuchern aus der ganzen Welt nehmen dort an Meditationen, Therapien und an den künstlerischen und körperorientierten Kursen teil oder erfahren sich einfach in einem »Buddhafeld«. Der Ashram vergrößert sich laufend. Heute gehören auch Tennisplätze und ein Swimmingpool dazu.

Weitere *YAA-HOO!BÜCHER*

Der vollkommene Weg

Osho spricht beim ersten Meditation Camp in Rajasthan über den Weg nach innen, den Weg der Meditation, der allein zu wahrer Zufriedenheit und Erfüllung führt. Ein wahrer Schatz für jeden Suchenden.

»Um das Selbst zu kennen, muß man nach innen gehen, nicht nach außen. Alle Sinne des Menschen führen ihn aber nach außen. Sie führen alle nach außen. Seine Augen blicken nach außen, seine Hände reichen nach außen, seine Beine strecken sich nach außen, und sogar sein Verstand reflektiert und spiegelt äußere Phänomene wider. Und darum hat er auch Idole aufgestellt, Bilder Gottes, und hat Tempel der Wahrheit errichtet. So können seine Augen Gott sehen, und seine Füße können eine Pilgerfahrt zur Wahrheit machen! Wir haben diesen Selbstbetrug selbst geschaffen; wir haben diesen Giftbecher eigenhändig genommen. Und jetzt vergeuden wir unser Leben und verbringen es in Benommenheit, verursacht von diesem Gift und Selbstbetrug ...

... Die Leute suchen nach Gott, als wäre er ein äußerer Gegenstand. Wie dumm ist das doch! Nach Gott muß man nicht suchen, er verbirgt sich im Sucher selbst.

Die Wahrheit liegt in euch selbst. Sie liegt in mir. Und es ist nicht so, daß sie morgen auch in euch sein wird – sie ist hier und jetzt in euch, in diesem Augenblick.«

Taschenbuch, 4-farbiger Umschlag, 208 Seiten.
ISBN 3-909910-00-9.

Mojud - Der Mann mit dem unerklärlichen Leben

Diese alte Sufi-Geschichte, kommentiert von Osho, ist eine märchenhafte Parabel, die den Weg des spirituellen Suchers spiegelt.

»Die Geschichte, mit der wir uns heute befassen, ist eine der großartigsten Geschichten. Sie hat jenes Aroma, wie es nur Sufi-Geschichten besitzen. Sie ist unvergleichlich. Wenn ihr diese Geschichte verstehen könnt, habt ihr das innerste Geheimnis der Religion verstanden. Wenn ihr diese Geschichte aber nicht verstehen könnt, könnt ihr Religion überhaupt nicht verstehen.

Was hier steht, gehört zum eigentlichen Fundament religiösen Bewußtseins. Ohne es kann es keine religiöse Transformation geben. Hört euch darum diese Geschichte so aufmerksam wie nur möglich an. Laßt sie tief in euch hineinsinken. Diese Geschichte kann eine Tür öffnen; diese Geschichte kann eine so radikale Veränderung in eurem Leben auslösen, daß ihr vielleicht nie wieder dieselben sein werdet. Die Geschichte muß aber ganz genau und mit viel Umsicht und Liebe verstanden werden, denn es ist eine sonderbare Erzählung«.

Dieses Buch ist kein gewöhnliches Buch. Es ist ein Geschenk für uns alle, ein Geschenk des erleuchteten spirituellen Meisters Osho.

Aufzeichnungen eines Verrückten

Osho spricht über das HierJetzt, über das tibetanische Mantra *Om Mani Padme Hum* und das indische *Satyam Shivam Sundram,* über Baschos Haiku und Buddhas *Charaiveti, charaiveti,* über die russische Dichtung, über Jesus, Laotse und Krishnamurti.
Mit einem Vorwort von Devageet, Oshos Zahnarzt, der diese »Aufzeichnungen« während der zahnärztlichen Behandlungen aufgeschrieben hat.

»Ich bin ein Anfang und auch ein Ende. Ich bin ein Ende ... ein Ende im dem Sinn, daß es nach mir kein Christentum, kein Judentum, keinen Hinduismus, keinen Islam mehr geben kann. Nach mir kann es keinerlei Ideologie mehr geben. Mit mir endet das Alte und beginnt das Neue: der neue Mensch. Der Mensch ohne Ideologie, ohne Religion, ohne Philosophie, der Mensch, der nicht nach einem Konzept lebt, sondern aus reiner Lebensfreude heraus.

Es ist erstaunlich, wie alle Religionen der Welt sich über »Om«, den klanglosen Klang einig sind. Es ist das einzige, worüber sich alle Religionen einig sind, und es gibt immerhin dreihundert davon. Warum? Warum sind sie sich nur über diesen einen Punkt einig? Weil man es hören kann, wenn man diese Höhen erlangt ... Es klingt überall ... Es schwingt. Om ...

Om Mani Padme Hum

Om ist der bedeutungsvollste Laut, den der Mensch je geäußert hat.«

Taschenbuch, bebildert, 4-farbiger Umschlag, 112 Seiten.
ISBN 3-909910-05-X.

Das Buch der Leere

Ein Buch voller Überraschungen – 80 »leere« Seiten, die nur dein Wesen widerspiegeln. Mit zwei wunderschönen Geschichten über die Leere, erzählt von Osho.

»Die vollendete heilige Schrift besteht nicht aus Worten. Die Sufis besitzen ein Buch: das Buch der Bücher. Es ist leer – kein einziges Wort steht darin geschrieben. Seit Jahrhunderten wurde es von einem Meister zum anderen weitergegeben, vom Meister zum Schüler, und mit unsäglicher Ehrerbietung aufbewahrt.

Dies ist die Höchste der Schriften. Die Veden sind nicht so schön, die Bibel ist nicht so schön, denn dort steht etwas geschrieben. Das Buch der Bücher ist wirklich ungeheuer kostbar – doch wirst du es lesen können? Als die Sufis es erstmals im Westen veröffentlichen wollten, war kein Verleger dazu bereit. ›Was denn? Da gibt es ja gar nichts zu publizieren!‹ meinten sie. ›Es wird bloß ein leeres Buch. Wozu es verlegen?‹«

Taschenbuch, 4-farbiger Umschlag, 80 Seiten.
ISBN 3-909910-03-3.

Für weitere Informationen über Osho wende man sich bitte an:

Osho Commune International
17, Koregaon Park
Poona 411001 (MS), India